企业成长的力量：
做最优秀的培训师

新世界出版社
NEW WORLD PRESS

图书在版编目（CIP）数据

企业成长的力量：做最优秀的培训师 / 刘睿著．--北京：新世界出版社，2017.4
ISBN 978-7-5104-6229-0

Ⅰ．①企… Ⅱ．①刘… Ⅲ．①企业管理 – 职工培训 Ⅳ．① F272.92

中国版本图书馆 CIP 数据核字 (2017) 第 055348 号

企业成长的力量：**做最优秀的培训师**

作　　者：刘　睿
策划编辑：张铁成
责任编辑：佟　萌
责任印制：李一鸣　王宝根
出版发行：新世界出版社
社　　址：北京西城区百万庄大街 24 号 (100037)
发 行 部：(010)6899 5968　(010)6899 8705（传真）
总 编 室：(010)6899 5424　(010)6832 6679（传真）
http://www.nwp.cn
http://www.nwp.com.cn
版 权 部：+8610 6899 6306
版权部电子信箱：nwpcd@sina.com
印　　刷：北京亚通印刷有限责任公司
经　　销：新华书店
开　　本：787mm x 1092mm 1/16
字　　数：213 千字　印张：16.75
版　　次：2017 年 4 月第 1 版第 1 次印刷
书　　号：ISBN 978-7-5104-6229-0
定　　价：49.80 元

序 言

PREFACE

如今，很多注重人才培养的公司开始外聘高水平的企业培训师对自己的员工进行培训，以提高员工的职业能力，继而更好地服务于公司。但有时候，这种“外包”模式因缺乏持续性，会影响整体的培训效果。

不久之前，有一位企业老总打电话询问我：“小刘啊，我们每年都会外聘专业团队为我们的员工进行培训，但是起到的效果并不好，我应该怎么办？”

“您有没有想过培养自己的内训师呢？”我问他。

这位老总当时并不理解“内训师”是一个怎样的职业，更不清楚这种企业人才培养模式。之后我告诉他，内训师是一种新型职业，如果自己的企业里有这样一个角色，就可以长期进行企业内部的各种培训。除此之外，内训师本质上还是企业内的一个岗位，所以可以用岗位制度对它进行“约束”。这样就能够发挥它的能动性，建立企业人才库。说到这里，这位老总一下就明白过来！后来在我的建议下，他很快在人力资源部中划出一个“培训专区”，开始着力培养自己的内训师。

实际上，内训师是一个非常重要的职能角色。为什么这么说呢？首先，内训师如同老师一般，可以传道授业解惑；其次，还可以推动企业内部管理的变革；最重要的是可以缔造企业内的学习氛围……可以说，内训师是企业的“精神支柱”！在许多同行和朋友的支持下，我完成了这本《企业成长的力量：做最优秀的培训师》。

本书从实战出发，通过“四个力”向内训师们传递一种思维和方法，即传播力的提高、萃取力的应用、影响力的转换以及评估力的呈现。每一个“力”都值得内训师们去思考、发现并掌握。尤其是萃取力，它是整本书的“灵魂”，只要掌握了萃取力，也就拥有了课堂上的“洪荒之力”！

本书的目的在于让内训新人“脱胎换骨”，成为培训课堂上真正的明星。书中所有的案例都是真实案例，绝非杜撰。

本书是我的第一部作品，它是一本概念性的书，同时也是为以后的系列书打下基础，后面将陆续奉上内训师的“干货”系列图书。与此同时，我还要感谢出版社以及编辑人员为这本书校订、排版所做的努力，并由衷说一声：谢谢！

刘睿

2016年10月10日

目录

CONTENTS

Chapter 5

培训核心萃取力：岗位经验萃取

Chapter 6

培训核心萃取力：搜集案例提升效果

Chapter 7

培训核心萃取力：复盘的转化能力

Chapter 8

培训核心萃取力：开发课程

Chapter 9

培训核心萃取力：善用教学工具

Chapter 10

内训影响力：以特质入手转化成果

Chapter 11

培训的评估力：距离成功只差一步

Chapter 1

重新定义
企业培训师

为什么要培训?

常言道：国家之间的竞争，就是人才的竞争。在里约奥运会上，美国获得了46枚金牌，位列第一；中国获得26枚金牌，位列第三。中美金牌数量上的差距让大家觉得美国的综合国力高出中国一个档次，但“金牌数”并不能完全说明什么，因为中国还有很大的提升空间。相信如果通过科学的管理和训练，一定会有更多优秀运动员崭露头角。而真正的“洪荒之力”就是靠“培训”挖掘出来的!

随着市场开放程度的加深，企业之间的竞争愈发激烈。许多企业为了占据市场主动性，通常采取降低成本或降价销售等方式来提高竞争力，也有一些公司推陈出新，研发出具有填补市场空白的产品……可谓使出了七十二般变化。但是当这些“变化”用尽，又该怎么办呢?

企业间的竞争如同奥运会争夺金牌，最终的执行者都是“人”。孙中山先生曾说：“治国经邦，人才为急！”说白了，一个企业是否具备竞争力，关键还是自己的员工有无竞争力。为此，我们就要重新换个思路。

举个例子，有两家钢铁公司，其中一家是国有改制，另一家是民办企业。在国有改制公司职工薪水稳定，工作压力小，几乎天天是朝九晚五；而在民办企业，职工拿的是绩效工资，薪水波动大，许多职工为了“赶超”任务主动申请加班加点。钢铁市场景气的时候，国企和民企能在平稳中发展，职工的工作状态也相对安逸。可惜好景不长，因受到国内调控政策改变的影响，钢铁价格一路下滑。

此时，民企做出了一件看似与市场销售策略毫不相关的事：搞培训！民企的董事长先是自己报名参加企业家沙龙，然后攻读MBA。同时他请来了著名的内训师为自己的员工讲课。在他看来，突出重围的关键不是靠船的大小，而是靠船长的勇气和所有船员抗击风浪的能力，即使是一艘航母，如果所载的是一群虾兵蟹将，那么它一样会被风暴掀翻！通过培训，民企的员工不仅掌握了专业知识，而且在精神面貌等方面也有了明显改善。

国有改制公司并没有采取民企的做法，而是采取“低价”策略。短时间内，这一策略给企业带来了销售收入，但是持续的市场低迷让企业雪上加霜。不久之后，国有改制公司销售额锐减，亏损严重，甚至一度开不出工资，此时许多员工不是迟到早退，就是寻找跳槽机会……甚至连该公司的人力资源总监都感慨：“人心散了，队伍不好带了！”其实，通过这一事例不难看出企业的核心竞争力就是人才，“如何把人变成人才”才是一个企业未来发展最强有力的保障！

培训是一个快速而有效的转换方式，它可以为企业建立起“学习模型”，然后通过“模型”进行“复制”。当然，这种“复制”并不是简单的模仿，而是一种个性化、实用化的管理机制。通过这种机制，企业可以提高员工的核心竞争力，从而实现企业与员工的双赢，也为企业发展带来新动力。那么培训到底有怎样的意义和价值呢?

其一，通过提高员工素质提升企业竞争力

培训并不仅仅是一堂课，更重要的是将一种“培训意识”灌输给企业员工。有了这种意识后，员工就能发挥自己的主观能动性。打个比方，接受过培训的员工通常有更强的学习动力！因为他们能够认清一点：只有通过学习提高自身竞争力，才能让企业立于不败之地！学习意识增强，专业学习跟进以及对自身不足的弥补，都是提高个人能力的一种体现。只有个人专业能力提升了，才能够将解决问题的能力表现出来。于是我们就明白，善于“培训”的华为公司为什么有那么强的核心竞争力了！

其二，提高员工的凝聚力和向心力

许多企业都倾向于将企业文化做得更深入，期望凭借“企业灵魂”的注入达到推动企业发展的最终目的。事实上，这种机械式的、口号化的模式并不能被很好地执行下去。而培训则可以很容易解决“企业灵魂”注入的问题，尤其是个性的、专业的培训完全可以起到“注射器”的作用。通过面对面、互动式的培训交流，企业员工能够更深入了解企业文化的内涵，进而迸发出强烈的企业归属感。

> 某公司非常注重企业文化与发展二者之间的结合，不仅通过产品的包装和企业海报进行宣传，还通过与企业文化相关的征文和演讲比赛等方式进行宣传，可谓五花八门，但效果似乎并不明显。尤其是近几年来，公司效益不太好，许多核心岗位的员工纷纷跳槽，更是让这家公司的老板苦不堪言！后来，这家公司培养了自己的企业培训师，对员工进行有针对性的“特色培训”，很快就收到了极佳的效果。

通过培训，可以找出员工“跳槽”的症结点，更重要的是从源头注入了企业灵魂。有了企业灵魂和核心价值观，员工也就有了向心力和凝聚力。除此之外，培训还可以加深员工对企业的认同感，从而让员工与企业患难与共、同舟共济、风雨同担。

其三，培训是非常好的激励措施

我曾听到过无数老板的抱怨："这些员工什么都好，就是缺乏激情！"虽然激情不能直接产生效益，但是激情带来的主观能动性却可以提升企业的运行效率和战斗力。记得在电视剧《激情燃烧的岁月》里，石光荣曾说过一句话："如果学文化比攻城和炸碉堡还难的话，那我就打个冲锋给你看看！"

拥有工作激情的人往往会创造奇迹。而通过培训，如户外拓展、业务大比拼、知识竞赛等可以有效激发员工的积极性和战斗力。有数据显示，美国的企业在EAP（员工援助计划）投入1美金，换来的却是8美金的收益。如果企业家们还在为消极、半死不活的环境抱怨的话，不妨试一试"培训"这粒药丸。

其四，培训可以规范个人工作行为

事实上，许多员工无法提高工作效率或者常常出现小的"事故"，原因在于自己的工作行为或者工作方式不够规范。就像流水线一样，流水线上的每一个环节都是提前设定好的程序，这个程序是非常严格和规范的，如果其中一个环节出了问题，整条流水线将会停止。

通过相关岗位培训规范员工的工作行为，就如同把每一个员工都纳入到企业这条"流水线"中。如果每一个人都按照"标准"进行工作，整个企业的运转效率将大大提高。规范的工作同样带来业务能力的提升，对员工本身来说也是一种极大的刺激和鼓励。

培训并不是严谨刻板、一成不变的，而是一种“变量”，它的“变”常常通过信念、知识、技能等方式进行传递。培训是科学的现代管理方式之一，也可以说它还是一种“投资”，一种“双赢”的行为，因为它既可以让员工实现自我价值，也可以让企业更具竞争力和使命感……就像松下幸之助那样，永远把“培训”放在第一位，只有通过培训，才能为公司收获千里马！

企业培训师的重要意义

讲一个故事，有一家钢铁公司，由于近几年产能过剩致使效益一直不景气。作为公司总经理的王波试图通过一些变革改变现状。他最初认为，公司不景气可能是领导者的眼界不够宽！为此他报名参加了企业家沙龙，还跑去国外参加企业家培训。

充完电回国后，王波采取了一系列“西式”管理手段，比如改进工艺流程、提高副产品的交易价格、开拓新市场等，但是当这些手段被一一用完，公司并没有发生根本上的变化。而事实上，当时全国所有的钢铁公司都在这样做。就在他困顿的时候，有人建议他尝试一下另外一种管理方式——内训！

事实上，内训并不是一个新鲜名词，而是一个常常被人忽略的名词。许多企业家可能因为自身学历不高，所以对内训并不重视，往往只是靠资本冲击市场。王波是一个敢于尝试改革的人，当他听到“内训”二字时，眼睛里迸发出一种光芒。不久之后，他邀请了培训师来企业培训，再后来他成立了自己的“内训”机构，拥有了自己的培训师。这些培训师按照公司计划定期组织员工进行内部培训，更为重要的是，通过课时沟通还了解了许多员工的想法。

王波通过内训终于找到了企业改革的“真经”！在他看来，内训不仅可以传授工作经验，还可以灌输企业灵魂。尤其在当下市场环境差、盈利水平有限的情况下，如何留住技术骨干、提升员工的工作积极性和执行能力才是最重要的。经过半年多的不间断培训，王波不仅有了自己得力的培训师，而且还拥有了一支敢打胜仗的钢铁队伍！不久之后，王波的钢铁公司开始逐渐扭亏为盈，他由衷地感叹：“如果没有我们的培训师，恐怕公司早已破产了。”

这样的案例还有很多，企业培训作为一种优良的管理方式也越来越被推崇。企业培训师作为一种新型职业，不仅为企业注入新鲜力量，而且还可以通过课程开发员工的潜能。古人云：“不训之师，断可不用”，意思是说没有经过训练的士兵是不可以上战场的！那么企业培训师在企业中扮演怎样的角色呢？他们的存在到底能够带来怎样的意义呢？

在笔者看来，企业培训师在企业中可以充当三种角色，分别是老师、设计师和资源整合者。

一、企业培训师的老师角色

古人云：师者，传道授业解惑！作为企业培训师，传道、授业和解惑也是其角色深入的三个步骤，呈现递进关系。

所谓“传道”，作为企业培训师而言更多的是传递两个概念：其一，传播企业文化；其二，传播企业精神。企业文化与精神是相辅相成、缺一不可的。企业培训师通过传播企业文化，让企业的员工了解企业文化、认同企业文化。只有员工认识和认同了企业文化，才能与企业的灵魂紧密地结合在一起。

如今许多企业都在“研发”自己的企业文化，因为文化不仅可以承载一个企业的理想，更能够丰富企业的灵魂。作为企业培训师，需要像“注射器”一样将企业的文化和内涵逐一注入每一名员工的身体里。只有员工承载了企业的文化，才能成为企业的主人，才能够更充分地发挥个人能动性。

所谓“授业”，其实就是传授新知识、新技能或者新的自我管理方法。当然这里的企业培训师并不是“技能培训师”，更多的是传授新的自我管理方法。通过新知识的“授业”，让员工能够在日常工作中灵活掌控自己的业务，逐渐从“无秩序”或者“混乱”状态中走出来。

所谓“解惑”，更多是心理层面上的。有人说，好的培训师一定是一名合格的心理咨询师，能够运用强大的知识库解答企业员工的心理疑惑或者工作中遭遇的挑战，为其进行心理疏导。除此之外，日常的生活交流也必不可少，一方面“温故而知新”，另一方面还可以定期“回访”，重点解决个别问题。

二、企业培训师的设计师角色

有时候企业培训师更像一个“训导员”，他们所开发的课程具有开发智力、培养发散思维能力和逻辑思维能力等功效。

举个例子，由于长期从事单调、重复性的工作，许多公司员工逐渐养成了惯性思维。这种惯性思维有好也有坏，但是当遇到特殊情况需要应变处理的时候，惯性思维就会带来副作用。企业培训师所设计的课程，可以完全打破这种惯性思维，让公司员工有其他的思路。俗话说，凡事破则立！通过培训，员工既锻炼了思维又开发了智力，对公司是百利而无一害的。

企业培训师作为一名优秀的“训导员”和“设计师”，完全可以创造出更多优秀的企业员工！同样，这也需要企业培训师具备相当的研发能力和设计能力，因为只有好的课程才是成功的关键。

三、企业培训师的资源整合者角色

有时候企业培训师被定义为“承上启下”者，因为他一方面需要与公司高层进行沟通、汇报，另一方面则需要按照高层“旨意”设计课时并通过课程传达给下面的员工。在这个过程中，企业培训师需要借助许多部门的力量，比如电脑信息部的电脑影像方面的支持、人力资源部组织学习的支持、基层相关部门的支持等。通过与这些部门打交道，合理地将资源整合在一起，串联在一起，才可以顺利实施授课计划，最终完成培训任务。

另外，需要内训师修炼的三项能力：传播力、影响力、萃取力，此三项能力作为内训师的核心能力，将会为企业带来以下核心价值。

一、帮助企业大幅度减少培训成本

一个重视培训的公司常常会斥巨资从外面请优秀的培训师进行培训对接，但是这种“花钱多、培训时间短”的培训又能为公司带来多大的效果呢？如果公司拥有自己的培训师，培训师仅仅领取“岗位工资”，那么培训成本将大大降低。

二、将“陪训”“赔训”变为真正的培训

许多企业请来培训师给员工上课，最后反而成了“陪太子读书”，这是为什么呢？其实许多员工知道：这些请来的培训师是“打短工”的，过几天就会走！甚至有一些培训师职业操守不强，培训时出工不出力，最终导致培训变“陪训”或“赔训”！而拥有自己的内训师，这种问题将迎刃而解！

三、建立一套完善的可替代、可传承的企业智库

大量案例证明，拥有内训师的公司都具有一整套的人才培养模式，这套模式就好比“智库”，可以随时启动！除此之外，这种模式是可替代、可传承的，并不会因为某一个内训师的离开而使得整个系统瘫痪。当然，这一切的前提是公司必须拥有自己的内训师。

企业培训更像是一个系统，这个系统就好像一个“循环”装备，从开始授课到授课任务结束得出结论，每一个环节都是必不可少的，甚至企业中的每一个人都要参与。企业培训师通过建立模型，让每一个人在这个模型里闪光发热……只有这样，企业培训才有意义，企业培训师才能发挥最大功效！

什么样的人最适合做企业培训师？

俗话说，尺有所短，寸有所长！每个人都有自己的短处和优势。有的人口才了得，善于谈判；有的人言少肯干，善于研究；有的人头脑灵活，善于经营；有的人目光长远，善于决策……有人说，企业用人就是

要做到“人尽其才，才尽其用”！那么，什么样的人才适合做企业培训师呢?

某企业老总非常重视员工培训，每年都会聘请高级职业培训师来企业进行培训。但高级培训师每次只是培训几天，培训结束后就离开了。虽然这样的培训在短时间内是有效的，但时间一长效力就逐渐下降，就像是药片的作用。后来有朋友向这位老总建议：“为什么不请一个长期的培训师呢？”起初这位老总对这事儿并不感兴趣，甚至还质疑朋友：“一个高级培训师课时费很贵，如果一年下来要花很多钱，你算过这笔账吗？”

其实朋友的建议是让他内部挖掘，而非高薪聘请。事实上，许多企业都有自己的培训师，这些培训师不但拿岗位薪水，而且还可以长期开课对员工进行培训。不久之后，这位老总按照高级培训师给他提供的选拔标准进行挖掘，最终找到了适合企业的培训师。

其实，适合做企业培训师的标准不外乎有这么几个：

其一，做事细心

用心做事的人往往是一个企业最宝贵的财富，有时细心比动脑筋更重要！一个人粗心大意、丢三落四，甚至连最基本的工作都做不好，怎么能指望他为企业创造利益呢?

我有一个朋友，他做过财务、出纳、销售、仓管等，可谓人生阅历非常丰富。有时候他自己也会打趣：“说不定我这一辈子能够做满三百六十行！”然而，这并不是一件光荣的事，正是因为他做事不细心，所以，没有哪个公司敢长期聘用，并将重要的工作交给他。

有句话说得很好：成功是交给那些心细的人的。那些做事缜密、细心、凡事都“挖”出来思考一番，如课程如何设计，课件细节怎样才能更吸引人……一切都围绕着自己的工作开展，才能把事情做完美。对于企业培训师而言更是如此，倘若你备课粗心大意、没心没肺，上课也稀里糊涂、敷衍了事，不但上不好课，甚至连学生都不爱听。

笔者曾经做过一个调查，那些细心整理课程计划的企业培训师总是能够在整个培训过程中起到主导作用！你的计划做得越详细，讲课出现的漏洞也就越少，大家爱听，你也会收获果实。

其二，善于动脑

三个臭皮匠赛过诸葛亮，这句话指的是三个会动脑子的臭皮匠，若是三个榆木疙瘩杵在那里，肯定是赛不过诸葛亮的！言外之意，善动脑者可以创造奇迹。

古人言：师者，传道授业解惑！如果老师不爱动脑子，只是照本宣科、依葫芦画瓢，那他肯定不是老师，只能算是一个普通匠人。要知道单纯、机械的模仿是无法讲好课的，如果这样，倒不如让学员自学。只有那些善动脑者，不仅可以积累更多的学识，还可以开发出精彩的课程。

除此之外，归纳复盘的能力也是现代企业培训师应当具备的。归纳复盘总结的前提就是要积极动脑，靠个人能动性完成，而那些不善动脑的“榆木疙瘩”恐怕也只能摆在那里吓唬人罢了！

其三，口才了得

有一个笑话，某讲堂上，一个老师领着学生朗诵课文！但是此老师有点结巴，口齿不伶俐，当他朗诵到“海燕”二字时，竟然念成“海……海……海燕”，结果引起哄堂发笑。有学生说，老师不是宋小宝，怎么能够这样呢?

当然这仅仅是一个笑话，口齿不清、结巴式的表达方法往往是某些娱乐搞笑节目里的“桥段”，并不能给培训学员带来什么。所以我们强调口才的重要性，好的口才是叙述、表达、传授的基础，如果没有好口才，那就不能胜任培训师的工作。

现在针对培训师有两个语言方面的基础要求：一、普通话标准；二、能够流利地表达或者叙述。俗话说，舞蹈演员的腿，相声演员的嘴。好口才不是简单的“念课文”，而是心有多远、嘴巴就能走多远。企业培训师也是靠“嘴皮子”吃饭的。

其四，有形象气质

一位优秀的企业培训师不仅要看他的内心如何，还要看他在讲台上所树立的气质形象，或者说台风。古人常说“为人师表”，所谓的“表”就是个人的形象。因此作为企业培训师，要衣着得体、台风稳重、没有多余的小动作，举手投足都带着一种老师的风范。如果一个人不具备这样的素质，他就做不了企业培训师。

其五，有事业心

笔者曾经参加过某企业家沙龙，其中有一位企业家所分享的成功经验几乎可以上升到真理的高度，他用四个字总结成功：有事业心!

事业心并不仅仅是一种“主观条件”，而是“主观、客观”相互融合在一起的。首先，事业心是一种主动态度，也就是自我克服困难、积极进取的态度；其次，事业心还是一种道德情操，常怀事业心的人凡事皆能尽心尽力、亲力亲为，直到事情圆满。事业心是公司职员最宝贵的精神财富，同样也是企业培训师必须具备的条件。如果培训师事业心不强，凡事敷衍，完全把自己的工作看成一种交易，那么他一定做不好这份工作。

我曾经遇到过这样一位企业培训师，他之所以选择做企业培训师，只是为了工作相对自由、清闲，甚至可以是跳板平台。结果，他很快就被另外一名有事业心的年轻人顶替，甚至后来面临失业。事实上，事业心是一桩良心买卖，没有事业心就如同“商业欺骗”，为职场所不齿！

以上五点是筛选企业培训师的基本条件，但并不是绝对的。或许有的人笨一点，但是勤能补拙；有的人口齿不伶俐，通过后天努力也可以弥补这一缺陷。古人常说“天道酬勤”，如果你有一颗“培训师”的心，或许你就能够成为一名优秀的企业培训师。

透过“动机”看选拔

许多公司都希望拥有一批优秀的企业培训师，他们不仅可以让企业员工得到更好的学习，而且还可以提高员工的竞争力，进而推动企业的发展。俗话说，千里马常有，而伯乐不常有。所谓的“伯乐”，并不仅局限于一个人，如董事长或者总经理，而是一种选拔方式。近几年，社会上流行海选，比如中国好声音、中国好舞蹈等，通过这种海选，许多娱乐公司可以找到自己所需要的人才。选企业培训师虽然不需要这样声势浩大，但是也有自己的选拔方式。

人们常说，透过动机看清本质。动机是一种主动性的激励机制，它常常是一个人由内而外的驱动力。动机的是与非，直接决定人的好与坏！比如有人有犯罪的动机，当这个动机一旦成为现实，犯罪也就产生了；比如有人酷爱音乐，他很可能会走上音乐道路。什么样的动机决定什么样的方向，就像卡罗·奎恩在*Don't Hire Anyone Without Me*中说："我非常想知道：如何才能聘用到优秀员工。究竟是哪一点被忽视了呢？在后面主持的成百上千个面试中，我总是不停地寻找着这个问题的答案。后来，被忽视的环节开始慢慢地浮出水面。我终于认识到：招聘失败是由于面试主管没有准确地评价求职者申请某项具体工作的动机。在面试当中，当被问及是否有胜任该项工作的动机时，大多数的求职者都会连声说'有！有！'因为，在这个时候，求职者的主要目的在于获得这份工作。有时，求职者只是为了迈入这个企业的大门才表现得如此积极而主动的，但这些动机常常会在他们被聘用后消失。事实证明，对于一项工作，有最好技能的人未必是最佳聘用人选。如果面试主管明白了这一点，就应该把金钱和精力投入到最有动力做这项工作的人身上。"

曾经有一个名叫约翰的二手车行老板，他急需一名得力的二手车销售能手，于是他在招聘网站发布了一条招聘信息，应聘者络绎不绝，可这都让约翰犯了难。

约翰将此事告诉了妻子，妻子对他说："约翰，这有什么可为难的？那个最想做二手车销售员的人不就是你梦寐以求的吗？"妻子的话让约翰茅塞顿开。他胸有成竹，相信自己一定会找到最优秀的销售能手。

在翻阅了许多简历后，约翰对其中两个人印象深刻，一个叫海耶斯，另一个叫亨利。海耶斯是一个年轻人，他在自己的简历中写道：我想在自己的成长过程中留下一笔财富，不管从事怎样的工作，我都愿意挑战！那个名叫亨利的老伙计曾经是一名有经验的加油站管理者，但是他一直想尝试二手车销售工作。他对约翰说："其实我就是想与车打一辈子交道，卖车也好，哪怕是卖汽车轮胎——我的偶像是乔吉·拉德，因为他是最厉害的汽车推销员！"

经过权衡后，约翰毫不犹豫地选择了亨利，因为喜欢汽车销售工作的亨利才是他最需要的那个得力助手。不久之后，亨利因卖掉了200辆二手车而被约翰提拔为副总经理。约翰的故事告诉我们，透过动机选择企业培训师是一种科学的选拔态度。

企业要摸透参选者的动机，有的参选者是单纯的喜欢"企业培训师"这一角色；有的参选者仅仅只是将"企业培训师"当作一个跳板；还有一种或许只是为了谋生或者多赚点钱而已。

只有那些喜欢企业培训师角色的人，他们的真正动机才是成为"企业培训师"。有了这样的动机，他们就会为实现自己的梦想和事业而奋斗。他们会努力学习培训师的相关知识，查缺补漏，苦练口才，甚至会对着镜子反复打量自己的仪表！这样的人不但可以做好工作，还极可能在本职工作上创造奇迹。就像周恩来总理曾经说的："为中华之崛起而读书！"动机是一个人为之奋斗的动力源泉，只有喜欢从事这项事业的人，才能克服各种困难，实现自己的人生目标。

还有一种目的不纯的人，他们更多的是想借助某一个平台，实现某种跨越。

> 某三线演员一直不火，甚至一度接不到角色，于是他就用一种曲线救国的方式——参加某台歌王选秀，增加自己的曝光率。当他成为人尽皆知的歌手时，再以歌王选秀平台为跳板，重回影视圈成为二线甚至一线演员。

这样的例子比比皆是，许多人选择作培训师，其目的并不在于培训师的角色，而在于培训师之后更加重要的角色。培训师对他而言只是生命中的过客，他并未把它当成生命中的唯一。于是我们常常会看到一些人不断跳槽到别的部门或公司。这些“离经叛道”的野心值得伯乐们去思考。

还有一种所谓动机不明显的人，这类人通常只是为了赚钱或者敷衍某个领导强行而安排的角色。我的一个朋友在某公司做企划，后来公司领导找他谈话，让他去做销售管理，迫于种种压力，他不得不硬着头皮去干。事实上，他不但无法充分发挥自己的能动性，有时还会拖公司的后腿。还有一些人只是为了养家糊口而做，因此敷衍了事，甚至偷工减料，本来40节的课时压缩到20节！恐怕有着这样动机的人在一个企业中占据多数，伯乐们一定要擦亮眼睛，万不可为了节省时间而草草确定人选。

透过动机看本质不是一句空话，而是一种真理，更是一把选人利器。如果参选者在企业培训师方面有着远大的抱负，并愿意为之付出一切，那么我们还要犹豫不决吗？因此，千里马不常有，做伯乐的一定要抓住机会！

企业的用人之道

我们常常都会思考一个问题：如何才能为人所用？事实上，“为人所用”四个字是一个交互名词，一方面你自身要具备“揽瓷器活儿”的工作能力，另一方面还要遇到喜欢你的上司。

记得不久之前一个企业家朋友对我说：“人尽其用其实是很难的，毕竟人人都有私心的嘛！用不好人，你的脸色不好，他的脸色也不好；用得好人，你面子过得去，他也过得舒坦！”每个企业都有自己独特的企业文化和用人制度，可能有的严谨科学，有的宽泛人性，但不管怎样，企业用人都是一种学问。因此对待企业培训师这种特殊岗位，更应该坚持以下几种原则：

一、不唯学历高的，选工作能力强的

有些人上过名牌大学，甚至是硕士、博士生学历，不仅毕业证很抢眼，各种头衔也冠冕堂皇。这些人有一种先天优势。我们也常说：学历是敲门砖，没有这块敲门砖，能力再强也没有用！有时候许多企业老总也抱有这样的选人态度，一张嘴就问：“哪个学校毕业的？留过学没？外语懂几门？”因为在他们心里，高学历就代表高能力。但我比较欣赏的是一个企业家的做法，不管什么学历的实习生，凡是来他公司者，一律下车间工作半年，一方面给新人们锻炼抗压能力的机会，另外一方面也可以“放长线钓大鱼”，观察哪条鱼是大鱼，哪条鱼不值得提竿。

“二战”结束后，盛田昭夫靠500美金创立了索尼公司。盛田昭夫虽然只是从大阪大学毕业，但也算是名校生，可是他并不认为高学历代表一切。创业之初，他曾面试了形形色色的员工，有的学历高，有的能力强。在他看来，国籍、肤色、年龄、性别甚至学历都不应该成为挑选人的门槛，只有能力强、做事认真、有团队精神的人才是真正意义上的人才。盛田昭夫按照自己的选人标准，给所有人提供了平等的机会，当他们表现出实际战斗力能力的时候，他才会从中选择。

古人董仲舒在《举贤良对策》中提出“唯贤良者任之，而非任人唯亲”的主张。事实上，只有选择那些工作能力强的人，才能让公司充满力量和正义感。而那些靠手段、学历、巧舌上位的人，因为其能力不在正点儿上，常常无法胜任其职位。企业培训师需要的不仅仅只是学历和花言巧语，更多体现在实战经验以及教学手段等方面。

二、放低姿态，厚待员工

人选出来了，剩下的问题就是如何用人。现实中往往有些老板姿态甚是清高，认为每个人都不如他。记得有个老板曾经在餐桌上大放厥词：“那些员工，水平一般般，给他们月薪三千都够多了！”言外之意，我给你发工资，你就不要再跟我谈条件。遇到那些街头流浪歌手，我们常常也会说：“来，给我唱十块钱的歌！”事实上，老板给多少钱的工资，员工也就干多少钱的活！老板瞧不起员工，同样也会让员工瞧不起。有一个资深企业培训员曾坦诚他跳槽的原因只有一个：老板太抠门！在他看来，他的努力和付出与得到完全不成正比。

事实上，现在大多数员工与老板仅仅是“发多少工资干多少活”的关系。工资高多干一点，工资少就少干一点。员工没有积极性，老板又瞧不起没有积极性的员工……长此以往，企业陷入恶性循环，那些老板界的葛朗台最终也会为吝啬付出代价。现在流行一种管理方法：让你干八分活，给你十分工资！老板厚待员工，员工就会有一种“亏欠”心理，有了这种心理之后，员工自然就会更加卖力。

举个例子，不久之前，有一个接受过培训的企业培训师给我打电话，他向我咨询了一些问题，然后又说老总给他提高了待遇，他现在对自己的薪水和工作平台都很满意。言外之意，老板对他的嘉奖与大方恰恰是一种信任，而这种信任有时候可以通过涨工资等方式进行表现。得到了老板的认可后，他也用实际表现回报着自己的老板。金钱虽然不是万能的，有时候却可以起到激励作用。企业培训师常怀感恩之心，必然会对企业有更大的贡献。

三、对待下属有一颗包容心

电视剧里常常出现黑脸的霸道总裁和苍白面孔的文弱员工，仿佛总裁就是要霸道、君临天下、违令者斩，而员工只能低着头，甚至连喘气都要控制力度。坦白说，这并不是一种很好的公司气氛！老板用人，首先要信任他，其次要容许他去犯错。如果员工犯过一次错就会被开除，那么就不会有人敢于改革创新，公司更不会有进步可言。

有一个企业培训师曾分享他的成功经验，在他看来，成功是建立在宽松、包容的环境之上的。最初他的授课技能并不高，而且讲义也有问题，但是老板一直相信他、鼓励他，容许他犯错，而他也积极纠正，不断改进自己的培训教学。后来他成长为企业的骨干，为公司输送了无数优秀的学员，而这些学员又如同星星之火一样在自己的岗位上起到了燎原之效！

如今我们常常提到“返哺之恩”，羊有跪乳之恩、鸦有反哺之义，人更是如此。如果一个老板能够包容、善待自己的员工，倾情呵护自己的培训师，那么他必然会得到回报。

四、疑人不用，用人不疑

这一点已经被无数企业所验证。如果你怀疑他的能力和事业心，那就不要用他；如果你认为此人行，就坚持用到底。说到底，这是一种信任，倘若彼此之间连最起码的信任都没有，更不用说其他的了。

当然可能也有人说，“疑人不用、用人不疑”是一种低级的管理方式，最高级的是“用人要疑，疑人要用”！既然如此，还不如直接安装监控摄像头，看不到的地方要安插自己的眼线，让员工的所有活动都在你的眼皮子底下……如果真到了这个地步，还不如全部让这位老板自己做。作为老板，你既然选择了这位企业培训师，就要给他充足的时间和信任，让他放开手脚好好的干上一番。大家都知道女排在里约奥运会上夺得冠军，而郎平正是一个“疑人不用、用人不疑”的传奇教练。

事实上，用人之道并没有定律可言，只是通过一定的管理方式达到最佳效果而已。企业要发展，就必须首先认识到员工是推动发展的原动力。作为一个工种，企业培训师更加需要得到企业的信任和鼓励。只有企业培训师进步了，并在实践中发挥出应有的水平，参加培训的员工才能获得宝贵经验，才能传递更多的力量！

企业培训师的助长平台

有人说，有什么样的舞台，就有什么样的演员。舞台就是平台，平台又好比土壤，富饶的土壤可以使庄稼快速成长，而贫瘠的土壤只会让庄稼枯萎甚至死掉。

刘海霞是某公司的资深培训师，她的学生大多已经成长为企业的骨干，伴随着企业一步一步茁壮成长。在她看来，之所以有今天的培训成绩，完全得益于公司提供的平台。

五年前，作为人力资源部的一名普通员工，刘海霞被公司派到外地进行人事管理方面的交流学习。不久之后，她回到了公司成为一名企业培训师。起初，她并没有直接搭建讲堂授课，而是接受了许多相关方面的专业培训。刘海霞说："公司付出了很大的代价，董事长不仅从外地请来资深的培训专家给我们单独开小灶，而且还常常为我们设宴鼓气！说实话，如果没有公司提供的平台，我现在还是一名普通的小职员。"

公司不仅仅为刘海霞提供了学习的平台，而且还为她提供了展现自我的平台，正是在这个平台上，刘海霞实现了"培训师"的人生梦想。虽已桃李满天下，但刘海霞不忘公司的哺育之恩，她以满腔的热情继续回馈着自己的公司。

作为现代企业中的重要角色，企业为企业培训师提供适合其发展的平台就显得十分重要。作为一名企业管理者，不仅仅要创造适合企业培训师生长的土壤，还要不停地施肥浇灌、松土驱虫，使这块土壤成为企业培训师的成长平台。以笔者来看，企业管理者应该为企业培训师搭建以下三种平台：

一、学习平台

在竞争大潮中，大多数公司都很难提供给企业培训师单独学习的时间，更多的是靠培训师们自学。但是自学的效果远不如系统的培训学习，而且若自学不得法就会走火入魔、误入歧途，不但起不了积极作用，而且还会渐行渐远。有一些公司即使效益不好、面临转型，也会拿出一部分钱和精力为培训师们搭建学习平台。

学习平台之一：聘请专家！聘请专家是最简单、也是最快速见效的方式。专家的专业课就好比武功秘籍，每一节课就如同功夫中的一个招式。如果能够认真上完专家的课程，培训师们就不会“跑偏”！与此同时，系统的学习还能提升培训师的专业程度，丰富培训师的知识结构。只有这样，企业培训师才能提高自身的业务素质，才能站在讲台上授课。

学习平台之二：布置作业！专家布置作业，通过作业帮助企业培训师牢牢掌握所学过的知识。当然这个作业并不是小学生能完成的作业，而是一种提高个人能力的综合方式。当然公司也可以给培训师们布置作业，作业内容与实战相结合，还可以根据上课的实际效果进行打分。

学习平台之三：规定自学时间！有一些公司的做法是比较前卫的，不仅聘请专家讲课，而且还给企业培训师留下“消化吸收”的时间，比如周五下午2点到4点自学。在自学时间内，学员们可以彼此研究讨论，甚至举一反三。通过这种方式，可以培养出培训师们良好的学习习惯。

学习平台的搭建是非常重要的，只有提高培训师的综合素质，才能让其在工作中发光发热，进而培养出更多优秀的学员和员工。

二、晋升平台

有些人选择企业培训师的目的是有个光明前途，当然这样的动机并不坏，甚至是符合价值规律的。俗话说，不想当将军的士兵不是好士兵。那么不想做高级企业培训师的职员也不是好职员！职位和工资待遇是体现个人价值的直接表现形式，许多公司为了激发员工的潜力都会在这方面有所规定。

> 某公司员工小李，在公司的不断激励下，逐渐成长为一名优秀的企业培训师。公司根据他的工作年限，结合他的实际工作能力以及贡献，前前后后多次给他加薪，甚至还让他享受人力资源副总监的待遇。

在现代社会，人们在谈到“物质”二字时，并不觉得俗气。企业培训师是一种职业，而职业的本质就是赚钱。物质奖励虽然有一定的诱惑力，但是对于积极上进者，鼓励的意味更加明显。能力与工资职位挂钩，这不仅是一种公平的游戏规则，更是一种用人之道。要想让那些志向远大的企业培训师快速成长，提供适当的晋升平台非常重要，因为没有哪个人可以保证在没有物质条件的刺激下高质量运转！

三、交流平台

公司其实是一个大的人事单位，由众多员工、企业管理者组成。在日常的经营管理中，交流是必不可少的。许多人或者部门由于缺乏交流，常常会造成不必要的摩擦，影响士气和团队精神。

之前有一个企业咨询师曾向我倾诉：“是不是我得罪了某个领导，不管我怎么努力都不行！”由于缺乏必要的交流平台，他似乎开始怀疑自己的能力，甚至怀疑是某个领导在背后捅刀子。以笔者看来，其实这个公司是缺乏一个由上到下的交流平台，而缺少对等的交流与沟通就会形成这种障碍。

人都是感情动物，有感情就需要表达。作为企业管理者，此时应该建立一种可以与员工进行平等交流的渠道。只有把话说清楚了，领导才不会误读你的意思。沟通顺畅与信息共享，不仅可以使团队更有凝聚力，还可以让企业培训师随时按照公司指示添加、修改课程，将企业文化通过内训彻底灌输到每一名员工脑中。

交流沟通既是一把管理利器，也是一门艺术。交流平台就像是电视台里面的“对话栏目”，通过这种方式，可以打破上下级、论资排辈的这种局面。企业培训师则可以借助这个平台实现个人与企业的无缝对接。只有消除了各种沟通障碍，培训师们才能放下心思、全心全意地进行培训。

平台有多大，表演的舞台就有多大！企业管理者只有好好利用这些平台，才能培养出属于自己的企业培训师。

Chapter 2

提高传播力：掌控课堂

为人师表的重要意义

人们常说：站有站相，坐有坐相！做人要有做人的基本形象，说话语气、穿衣打扮、走路步态都要符合自己的身份。比如说，服务窗口的人员要有一口流利的普通话、身着制服，整体形象要有亲和力；老板要穿皮鞋、着正装、步态要稳，说话语调要沉稳、霸气。培训师也是老师，要想在学生面前树立权威，为人师表就很重要。

树活一张皮，人活一口气。“为人师表”简单来说就是做出表率，更深层的意义是塑造人格。著名历史学家、书法家启功先生曾经为北京师范大学题写校训：学为人师，行为世范。这一校训不仅有教育意义，而且还有警示作用。企业培训师则要为学生树立良好榜样，如果一个培训师，不注重塑造自己的人品，而仅仅只是为了上课，那就不是一个合格的老师。古人拆字“教学”，所谓“教”也是有两层内涵：一是教，二是育。如果只有“教”没有“育”，那么就失去了上课的意义。

我的一个同学是初中老师，有一次同学聚会，他在酒席上感慨：“现在的老师工作压力这么大，国家该给老师涨涨工资才行，再这样下去，恐怕老师们都去做商人了！”

于是我问他：“做商人是什么意思？”

“不妨告诉你，现在的老师为了赚钱，有偿给学生进行补课！说好听的是赚取劳务费，说不好听的就是变相受贿！”这位同学的话让在场所有人都感到震惊。倘若一个老师到了这种地步，实在是令人害怕。

其实现如今，这样的老师并不少见。许多学校外面的小餐桌、培训班、辅导班多数由在职老师开办，他们一边跟教育局打游击，一边则昧着良心赚钱，甚至毫无羞耻心。

不久之前，某公司老板给我打电话诉苦，说他们公司有一个企业培训师经常撒谎请假，请假的目的是去其他地方兼职培训课赚取外快。当然这位老板也毫不客气，一纸解聘书炒了那个培训师的鱿鱼。那个老板说："我是相信他能够为人师表、为企业树立榜样，结果他却拆我的台……"

如果一个培训师脑子里只有钱、身份和地位，那么就无法在学员面前以身作则，反而会被学员们抓住把柄，大加指责讽刺。因此，要想做一名优秀的企业培训师，以身作则、作风正派、品德高尚、躬身示范才行！

司马迁在《史记·太史公自序》中说："国有贤相良将，民之师表也。"所谓师表，就是为民众树立好榜样。唐朝大诗人韩愈也曾言："道之所存，师之所存也！"为人师表自古就有，并已流传千年成为中国的一个优良传统。而那些学业不精、心口不一、刚愎自用、眼里只有金钱的人靠什么才能以德服人呢？没有"德"，也就失去了"表"，没有"表"，便是赤裸裸的禽兽。现如今，有许多培训师仗着自己的能耐将学员和老板玩弄于股掌之间；还有一些培训师敷衍了事、压缩课时、只以赚钱为目的；更有甚者在外面"办学"，回到公司后则一身疲惫、课堂上打盹，用自学代替教学。没有师表的培训师，不但培养不出好学员，而且还耽误自己的前途，可谓害人害己！正如孔子所说："其身正，不令而行，其身不正，虽令不从。”

为人师表者，首先要树立正确的人生价值观！企业培训师其实也是老师，这是一个伟大而又平凡的职业，需要付出超出常人的代价。据调查，大多数企业培训师收入还是很可观的，完全不需要为生计发愁。那么既然有了物质作为保障，就完全可以朝着自己的理想扬帆远航。

当然也有盲目拜金者，他们往往经受不住利益诱惑，不是选择跳槽、就是半路放弃转投其他行业。拥有正确的人生价值观，不仅为工作注入灵魂和动力，而且能够让培训师克服困难，耐得住寂寞。而一旦有了“得天下英才而教育之”的伟大雄心，那么成功也就指日可待了。

为人师表者，要德才兼备！所谓“德”，是指个人的品德修养；所谓“才”，指个人的知识才能。有德无才者，不能从教；有才无德者，亦是如此。正如西汉大学士韩婴所言：“智如泉涌，行可以为表仪者，人师也。”

有一个年轻人，他从小立志成为一名老师，于是他饱览群书，恨不得拥有所有的知识。后来这个年轻人遇到了一位大学士，大学士问他：“你以后想做什么？”

“做老师！”

“为什么要做老师呢？”大学士继续问。

年轻人回答道：“自幼家父告之，唯有老师者受人尊敬也！”

大学士追问：“做老师要学识渊博，你有读过书吗？”

大学士随后考了年轻人几道题，年轻人一一回答正确。后来大学士补充道：“你确实有才，但是还要有德！”后来因为“德”，两个人争论起来，以至于不欢而散。年轻人偏偏不信这个邪，他心想：无奸不商，有德的商人最后都成了穷光蛋；如果老师只讲德，谁还来听你的课？

后来年轻人成了一个老师，教书几十载，一直到老年。奇怪的是，他教了一辈子书，直到年老也没有一个学生成器，倒是培养出不少流氓地痞！

其实类似的故事还有很多，因为没有“德”，就不会将“德”传递给学生，这对企业培训师而言是致命的。古人言：近墨者黑，近朱者赤！什么素质的老师就会教出什么素质的学生。只有德才兼备，才是为人师表的重要前提。

为人师表者，还要真诚、忠诚！记得有人说过一句话：“为人不忠者只能教出反革命分子！”虽然有点偏颇，但基本也是如此。一个老师或者培训师，通常要以真心换取真心，没有“掏心掏肺”，又怎么换来学生的一腔热情呢?

为人师表者还要具备许多条件，比如人格魅力、身教重于言教等。想要成为一名企业培训师并不难，想要成为一名优秀的企业培训师却难上加难。依笔者看来：唯有师表者，才能树起形象、以身作则、传道解惑、桃李天下……

增加知识含量，提升讲课水平

央视的《百家讲坛》这一栏目的收视率很高，许多人都爱听那些专家滔滔不绝、口若悬河般的讲解，先是有易中天“水煮三国”，后有纪连海“清史内幕”。百家讲坛不是相声表演，也不是杜撰，而是用一种幽默的方式呈现出丰富的学识。当然只有大师讲得好，大家才爱听。有人感慨大师们的博学：“他们怎能懂得这么多？”熟读唐诗三百首，不仅会写而且会吟。正是透过刻苦的学习以及饱览群书的经历，才使得他们由普通人进化为大师！企业培训师也是传道授业解惑者，要想把课讲好，没有丰富的知识做靠山是不行的。

徐欣为了应聘某企业内训师，准备了相当长的时间。用她的话说，她不但花钱考了职业认证书，而且还自费参加过许多期专业培训。幸运的是她通过了面试和笔试，正式成为某公司的一名实习培训师。所谓实习，就是通过讲课获取公司评价，如果表现好，就会转成正式员工，享受五险一金以及企业晋升机会；如果表现不好，就只能离开这家公司。

徐欣为了准备课件，付出了很多的时间和精力。然而当她站上讲台开始讲课时，台下却鸦雀无声。这到底是怎么回事呢？正在她纳闷的时候，在后面听课的领导站起来说：“你还是回家准备吧！”这一突如其来的变故让徐欣认识到：只有证书是不行的，如果没有丰富的知识层次根本无法保证这堂课的质量。

事后该公司人力资源总监找到徐欣，鼓励她说：“你还年轻，机会还有很多。要想成为一名优秀的培训师，你就必须要多读书！这样吧，你先从普通的HR专员做起，等明年这个时候，可以再来竞争一下。”人力资源总监的话给徐欣以极大的触动，她似乎真正明白了“培训师”的定义！

回到家里，徐欣给自己制订了一个学习计划，这个计划包括每天的读书量以及互联网培训课程的学习。一年之后，当她再次站上讲台，那种因学识浅薄而引发的紧张感竟然一扫而空，因此她轻轻松松地上完了培训课程，台下的学生们对她精彩的课堂呈现赞不绝口。由此，徐欣走上了企业培训师的道路。

梁启超常说："书宜杂读，业宜精钻。"杂书读得多，可以掌握到更多专业外的知识。这些知识看似无用，其实对培训师驾驭讲台有着至关重要的作用。记得我小时候，有一个同学问地理老师一个问题："胶济铁路横跨山东半岛，它是哪个国家什么时候修建的呢？"这个问题难住了地理老师，后来他只能尴尬地说："这问题与地理无关，下课后你来我办公室吧……"课堂之上这样的意外常常会出现，老师必须能够临场应对。除专业课之外的什么都不会，恐怕就不能做老师，只能做一个普通技能教练罢了！以笔者看来，要想成为一名优秀的培训师，深厚的知识含量是必不可少的。

其一，培训师的肚子是"杂货铺"

那些相声演员们常常说，相声演员的肚是杂货铺，你想听什么段子，他随时就可以拿出来给你。培训师也是如此，为了丰富教学，活跃气氛，以及应对各种突发情况，就需要掌握这些知识。

好的散文是形散而神不散，但若从头到尾的"煽情"也是不行的，中间还要夹杂着故事、修辞、童趣等，就像一个精彩缤纷的世界。那些一路煽情走到底的，最后却成了行驶在荒漠里的独孤行者，没有人与你搭伴儿。普通人都爱听精彩、曲折的故事，于是他们都去傍那些有精彩人生的大师去了……

培训师想要讲好课，就不能单纯一路走到底，而是要让所到之处花开遍野！既然想要做到这样，就必须先让自己的肚子变成“杂货铺”，哲学要懂，历史也会。换句话说，世界上所有的学问都是融会贯通的，当你成了“门门通”，也就成了拥有学识的人。

记得几年前曾听过一堂精彩的课，这位老师真是学识渊博，所讲之处都熠熠生辉。两个小时下来，似乎还没有听够，因为他杂货铺般的肚子不仅一一化解所有的提问，而且还让下面的学员掌声雷动。有人说：读书不嫌杂，而嫌少！脑袋瓜里“油墨”不够，必然影响课堂的“书写”效果。

其二，术业有专攻，多读专业书

韩愈《师说》中言：“圣人无常师。孔子师郯子、苌弘、师襄、老聃。郯子之徒，其贤不及孔子。孔子曰：三人行，则必有我师。是故弟子不必不如师，师不必贤于弟子，闻道有先后，术业有专攻，如是而已。”言外之意，人不要妄自菲薄，那些年轻的企业培训师更不必望洋兴叹，当你研究透自己的专业，成功就是水到渠成的事。

现在社会上有一些人，他们自认为知识渊博，多才多艺，甚至瞧不起那些数年如一日研究专业学问的人。还有一些年轻的企业培训师也常常犯这样的错误，他们觉得自己懂得多，认为讲课就是小菜一碟。但是当他们真正站在讲台上，滔滔不绝地上完一堂课，反过头来问学员：“你们学会了吗？”时，大多数学员都会呆若木鸡，甚至会问：“老师，你到底讲的是什么？”因此没有深厚的专业知识，就Hold不住培训师的杂货铺，而讲课没有要点，连自己讲得是什么都说不上来，难免会有“胡说八道”之嫌！所以年轻的企业培训师一定要注意，切莫眼高手低，不重视专业提升，要知道没有足够扎实的专业基础，“相声”说得再好听也没有用。

无论是追求“旁杂”，还是追求“精专”，二者之间并无矛盾！以笔者看来，“旁杂”是“精专”的装饰品，而“精专”则是“旁杂”的骨骼血肉。只有将两者结合起来，精攻专业、广阅杂书，用知识武装自己，才能讲好课，做一名优秀的企业培训师！

潜意识的自我掌控

美国心理学之父威廉·詹姆斯说过一句话：“改造世界的力量在你的潜意识里，它蕴藏着无数智慧和力量。它由内在的源泉浇灌，这种内在的动力叫作生命的法则。一旦你在潜意识内输入了决定，它将移山倒海般地去达到目的……”每个人都有潜意识，通常情况下，潜意识是不为人所察觉的，它不是一种感觉，更无法用计量单位来测量，它完全是客观的。换句话说，它就像灵魂那样缠绕在肉体里，等待某时刻的释放！

潜意识虽然是一种意识，但是却与人的“潜能”息息相关。人们完全可以通过控制潜意识发现并挖掘自己的潜能。据科学家论证，潜意识所蕴藏的能量是意识的三万倍。倘若你能够自由掌控潜意识，就如同控制了身体内的一枚“核弹”，一旦爆发，你就会立于不败之地。

曾经有个科学家做过潜意识的自我训练，即通过增加记忆力等方式激发潜意识，进而达到控制潜意识的目的，他的锻炼方式是这样的：

第一步，锻炼大脑的记忆力

记忆力的好坏直接决定一个企业培训师的学习能力。简单来说，记忆力就像一台电脑的存储空间，记忆力越好，电脑储存的信息也就越多。

所以培训师们可以通过这些方式方法解决问题。那么如何才能提高人的记忆力呢？

工欲善其事必先利其器！首先要锻炼大脑，让大脑一直处于活跃状态，锻炼方式也很简单：多读书，勤思考！古人说，读书破万卷，下笔如有神！通过反反复复的练习，人的大脑就会越来越灵活。相反，如果不读书不思考，天天混吃等死，脑子就会越来越钝，而且还有诱发“老年痴呆症”的危险。

其次，反复学习，重复输入！孔子所提到的“温故而知新”，其实就是这个道理。过去有记忆大师分享自己的经验：用读代替看，用写代替读，反复练习，课文、教义就记住了。这种重复学习法其实就是通过“物理”方式反复刺激大脑皮层，最终被大脑所接纳的过程。培训师们可以通过这样的方式锻炼大脑，而且几乎是没有成本的。

最后，结合画面增强记忆。举个例子，大多数人都爱看电视，甚至有些人看过一遍电视还能记住里面的台词。可能我们会认为这些人的记忆力超出常人，其实不然！每一个人都有结合画面的能力，尤其是一些美丽的画面，比那些冷冰冰的字纸更容易被大脑所接受，当眼睛、耳朵等所有感官作用于一个事物上，记忆力也就增强了。人们完全可以凭借大脑结合情景画面进行串联和记忆，比如当我们读到《荷塘月色》时能联想到自己站在荷塘旁边；当我们读到《父亲》时，能联想到自己的父亲臃肿的背影费劲跨过月台买柑橘！如果一个培训师在日常学习过程中能够结合情景画面进行记忆，那一定会事半功倍！

第二步，驱除消极思想

潜意识的发挥完全受制于人的情绪，当人处于积极状态，发掘出来的潜意识是有益的，反之则有害。

有一个故事，一起爆炸案的制造者是一个不到二十岁的年轻人。大多数人都十分费解，他为什么要这么做呢？事实上，爆炸案的嫌疑人本打算用和平的方式与其闹分手的女友谈判，后来他情绪失控，消极的情绪引发了他罪恶的潜意识，于是他制造了爆炸，炸死了女友。

所以人们要珍惜意识中的积极因素，这些因素十分稀缺，为了保持这样的稳定性还需要长期灌输和强化道德、法律、美学等理念，使自己积极理性的意识始终占据首位。如果做到这一点，培训师们就可以在课堂上把控住自己的脾气，保证课时顺利推进。

第三步，将“灵感”转化为实践

有人说，当灵感到来的时候，潜意识也即将浮出水面。著名钢琴家贝多芬曾经半夜梦醒，靠自己的灵感谱曲。许多作家、编剧为了把灵感转化为实践，更是付出了极大代价。作为一名企业培训师，一个灵感往往可以创造出更特别的课件，抑或更科学的模型，从而突破自我，实现跨越。

科学证实，灵感是一种灵性感悟，它完全发自人的潜意识。如果能够抓住转瞬即逝的灵感，完全可以实现自我生命的再造，而且只要通过反复的训练和强化，人们就可以发掘“潜”这种意识。当然这种强化训练并不难，通常情况下只需要准备一张纸和一支笔即可。

第四步，给自己以正确的心理暗示

心理暗示是心理学惯用手段，通过这种方式可以进行心理干预。自我心理暗示就是自己给自己发射信号弹，确认好与坏。举个例子，有些女性因为情感受到过伤害，于是给自己暗示：男人没有一个好东西！带着这种心理暗示，她在异性面前就会显得尴尬，缺乏了解和沟通，进而造成更大的误会。如果你是一名企业培训师，你给自己的心理暗示是：我一定能上好这堂课……可以预见，这堂课基本可以上好。

心理暗示是一种很奇怪的能量，具有磁铁一般的指示性。人们依靠心理暗示可以敲开胜利之门，也会犯下滔天大罪。而企业培训师们，应该反复给自己以积极的心理暗示，比如“我一定能成功”“学员们一定会喜欢我的课”等。

如果企业培训师能够按照以上四步反复训练，一定会有所收获。生命源于创造，而创造大多源于潜意识。当你拥有打开自己潜意识的钥匙，你的世界会因此变得更加精彩。

全脑思维表达的自我开发

一名优秀的企业培训师常常有这么几个标签：知识渊博、脑子反应快、记忆力好、讲课生动、有人格魅力等。而要想打上这些标签，就需要培训师们付出极大的努力。

有一个美国的培训师，曾经因为“天赋”问题被许多公司拒绝。为了达成心愿、实现自己的培训师梦想，他通过从事销售二手车工作锻炼自己的交际能力，通过从事少儿课外辅导工作锻炼自己的教育能力……后来他还参加过“全脑开发”培训班，通过一些非常规方式开发自己的大脑，让自己更具竞争力。总之，他为了“标签”几乎用尽所有能量。

如果上帝仍旧看不上这样的人，那将多么悲剧啊！事实证明，这个培训师的努力并没有白费，他最终成了一位有名的企业培训师，而他所在的公司也成长为全美最有竞争力的企业之一。

这里提到一个新概念：全脑开发。全脑开发并不是科幻片里通过设备刺激来控制大脑，从而将普通人变成生化战士，而是通过一定的科学方法调动人的左右大脑，使人的智商、情商、意志以及价值观等得到全面开发。

据科学调查，正常情况下，人的一生只需10%的脑力就够了，而剩余的90%就如同人类从未染指的处女地。科幻电影《超体》中的女主角在完全实现了100%的大脑开发后，几乎如神一般存在。当然这仅仅是科学幻想，以爱因斯坦为例，他也仅仅只用了15%的脑力，就拥有了超出常人的智慧。由此可知，当一个人开发出1%的全脑潜力，他的智慧、能力会有极大的提高。自我开发全脑并不是科幻剧，只要通过一定科学的方式方法是完全可以做到的。企业培训师是一种完全靠脑力耕耘的职业，因此全脑训练对于从业者而言是十分有意义的。

诺贝尔医学奖得主美国著名神经生理学家罗杰·斯佩里的研究表明，人类的左右大脑存在功能上的差异：其中左脑负责语言、数据、文字、逻辑等功能，而右脑则负责情感、色彩、感官以及创造力等。人们的脑力活动通常只是集中在大脑的一个半球，画家画画，通常只需要带动右脑即可，所以大多数画作色彩丰富、线条大胆，但有时候又缺乏关联和逻辑。而那些数学家，天生对数字敏感，通常一副冷冰冰、脱离世俗的姿态，这是由于极少被开发的右脑使得他们的情商不足，很难处理棘手问题。由此可以看出，左右脑均衡发展是十分重要的。作为一名企业培训师，在日常中该如何进行全脑开发呢?

第一种：借助电脑、电视机、幻灯机等进行器械训练

简单来说，右脑是负责“发散思维”的，人们可以通过画面、声音直接刺激右脑，通过观察这些画面介入思考，比如结合画面组织并形成语言文字。有一种文字游戏叫作“画配诗”，人们通过欣赏画作，打开自己的潜意识，激发自己的左脑进行吟诵，实际上，过程是这样的：通过眼睛看画，刺激右脑形成感官条件反射，条件反射产生一种情感需求再通过右脑激发创造力形成语言或者文字表述，最终作用于左脑并展示出来。培训师们平时可以多做这样的训练，即借助电脑、电视、幻灯机等机器进行左右脑的开发。

第二种：借助图书、表格等进行非器械训练

再举个“诗配画”的例子，这是“画配诗”由右脑传递左脑的翻版，即从左脑向右脑传递。培训师们通过读书、朗诵诗歌等方式带动右脑的想象力，然后转化成一种情感。

这种训练方式极为简单，在条件简陋的情况下依然可以实现。但这样的训练需要一种持续的、加量式的重复，就如同“熟读唐诗三百首，不会写作也会吟”的道理一样。反复的锻炼使左脑带动右脑，最终实现全脑均衡开发的目的。

在这里笔者分享一个资深企业培训师的锻炼方法，他的方法简单有效，非常值得推广。

第一步，每天保持一定的阅读

“读书破万卷，下笔如有神”就是通过大量的阅读得来的。这个培训师每天晚上睡觉前读书半小时，读完之后便躺在床上闭目回顾和思考书中的内容。通过这个方法，既可以获取知识、提高记忆力，又可以锻炼左右大脑。

第二步，每天坚持写日志

日志并非日记，并不是强行压给自己的写作任务。日志有一定的弹性，可以多写，可以少写，可以有格式，也可以没有格式，完全是随性的。通过每天的书写锻炼，可以锻炼人的逻辑思维能力，从而锻炼了右脑。当然写日记也是不错的选择，或者每天坚持更新微博或者博客，确保自己的大脑长期处于一种“思考”状态！

第三步，注重与他人交流

交流是通过左右大脑同时作用而产生的，它既需要语言表达，又需要思维反应。通过与人交流，完全可以锻炼你的反应能力、说话的逻辑思维能力以及情感控制力。有人说，交流是展现全脑的最重要表现形式。事实上，许多人通过这种方式获取了宝贵经验，这些经验对于培训师而言是极其重要的。

第四步，养成闭目思考的习惯

有人做过一个有趣的统计，在他调查的100名科学家中，100%的人有闭目思考的习惯。这并不是偶然，似乎还揭示了一个真理：思考完善了大脑！当你每天晚上准备入眠，放下嘈杂闭目思考，此时会发现大脑比白天繁忙的时候更加清醒。这不是没有科学依据的，因为肢体的活跃必然消耗了人的左右脑，而使大脑处于一种相对“混沌”或者繁忙状态。当夜深人静、头脑清醒时，勤做思考不仅锻炼了大脑，而且还有“温故而知新”的功效。

虽然每一个人的锻炼方式不同，但是全脑训练是企业培训师应该上的必修课。只有保持大脑的高强度均衡运转，才能备好课，讲好课，设计好模型，最终带出优秀学员！

开场“三部曲”

好的开始是成功的一半。对于企业培训师而言更是如此，面对陌生的学员如何开场似乎成了培训师们面临的最大问题。之前有培训师打来电话咨询：“万一开场的时候说错话，会不会影响到后面的讲课效果呢？”答案是肯定的！千里之行始于足下，“鞋子”没有穿好，后面的路途又怎么能走的下去呢？当然这不是危言耸听，只是开场的带入效果太重要了。

每一名成功的企业培训师的开场都不一样，如同世界上没有相同的两片树叶。有的人喜欢开门见山、大刀阔斧式的开场；有的人擅长营造神秘气氛；有的人简直是破冰专家，三下五除二就打开了冷场气氛；还有一些人以幽默的方式介绍自己，如同相声般开场……作为一名企业培训师，找到适合自己的开场白方式最重要，不要局限于某一种形式或者盲目追求他人的风格。以笔者看来，开场“三部曲”并不是一件非常难的事，只要培训师们有勇气和胆量，一定可以做好。

开场三部曲第一曲：介绍自己，互动“破冰”

中国人讲究熟人见面“嘘寒问暖”，虽然看上去很俗，但是却很有效。陌生人见面打招呼，通常是先介绍自己，比如我是某某，从事什么职业，多大年纪，很高兴认识你，希望以后成为朋友等。诸如此类的开场白简单实在，而且没有什么风险。

有一个培训师第一次上讲台，内心十分紧张，尤其担心第一句话会说错，但是想起自己求学时，与新老师的第一次见面，老师们都是以“自我介绍”进行开场，于是他写了一张纸条加在讲义里面，这样上讲台翻开讲义的时候可以看到自己需要怎么做。

培训课开始了，他走上讲台，翻开讲义，然后扫了下面学员一眼，深吸一口气，开始介绍自己：“同学们好！”当然不出意外的得到了学员们的回复：“老师好！”此时培训师开始介绍自己：“很高兴认识你们，能够成为你们的授课老师，我十分荣幸……我先向大家进行一下自我介绍，我免贵姓王，隔壁老王的‘王’……”幽默的开场引起了学员们的笑声和掌声，如此一来冷场气氛马上就被缓解了。

随后，这位培训师让大家彼此进行自我介绍，此时，培训师就可以通过学员的自我介绍侧面了解学员的性格和特点，这对以后的授课帮助很大。

当自我介绍结束后，马上转入下一个环节：互动！互动的方式有很多种，可以讲讲笑话，也可以展望一下培训后大家的变化，总之开设互动的目的在于带动学员的气氛，使课堂更加热闹。也可以通过一些鼓励性的语言赢得学员们的掌声，掌声一旦响起来，其实开场就成功一半了，剩下的另一半就是开场三部曲的第二个环节。

开场三部曲第二曲："故事"代入，吸引学员注意力

光有自我介绍是不够的，如果太快速转入到课程，往往会让学员感到索然无味，甚至还会觉得这个培训师没有特点。为了寻找突破口，许多企业培训师多会话锋一转，讲一些精彩的小故事。培训师为了进一步烘托课堂气氛，讲了一个有关中国女排的故事（这类故事是热点，比较容易吸引学员的注意力！）：女排主教练郎平作为中国女排的形象代言人，她几乎是坚忍不拔、不屈不挠、奋勇拼搏的代名词，她放弃海外的舒适生活，为了奥运会临危受命，希望能帮助中国女排再夺奥运会金牌……故事讲到这里，学员们的注意力和焦点就会放在故事以及培训师身上。当然这个故事与培训课的精髓是一致的，培养学员的高尚品质和开拓进取的精神。

如果培训师们无法掌控这类热点故事，还有一个更稳妥的办法：讲自己的故事。当然这些不一定发生在自己身上，也可以是亲眼所见的事情。只要这个故事吸引人，有较强的代入性，那么这个故事就成了一道非常可口的开胃菜，一下子就能抓住学员的胃口。只要学员将注意力放在你身上，这堂课基本就可以开始讲了。

开场三部曲第三曲：重点介绍培训课程

开场三部曲的前两曲其实是为第三曲做铺垫的，开场的目的不就是讲课嘛！"书归正传"不仅仅是评书里的惯用技巧，在讲课开场中也能起到非常好的收尾作用。

比如培训师此时可以讲："同学们，故事中的英雄不一定只存在于故事里，或许你们也是自己故事中的英雄。公司开设培训课程，目的就是让大家更加积极乐观、身体充满洪荒之力……”这样的介绍不但不会令学员们反感，反而会让学员们完全融入学习课程里。这种方式不会显得突兀，甚至还有“水到渠成”之势。

场开好了，情绪也酝酿的差不多了，接下来就要开始介绍培训的价值和意义了。事实上，凡是参加培训的学员大多对培训的定义有所了解，只不过再由培训师重复一遍，加深一下印象而已，如果能从培训师的陈述中发现新大陆，则是锦上添花，当然这是培训师梦寐以求的！

开场三部曲仅仅只是针对企业培训师的第一堂课，此后还有数堂课将面临不同的开场。但一般来说后面的开场相对简单很多，随着培训师授课经验的积累，创造出了更多花样的开场方式，比如开场歌、开场舞、开场游戏等。开场的意义是重要的，也是简单的，只要让整堂课轻松、简单、快乐起来，培训师也就做到位了。

开场仅仅是授课的一小部分，技巧是很容易掌握的，培训师们完全可以通过互联网教学视频或者相关书籍自学。只要用心用力，就一定能开好场，顺利进入下一阶段！

预上讲台，先树气质

微信圈曾流行晒自拍照，并附上一句话：重要看气质！“气质”二字一下子风靡网络，成了时尚名词。气质是啥，不就是一种与生俱来且稳定的心理状态吗？难道还能用肉眼分辨？其实气质一早就有，只是被互联网重新定义了。虚拟时代，人们似乎已经与现实脱节，这其中还包括一些形容正能量的词汇，比如“气质”“美德”“修养”等。当我们再次提及气质，恰恰说明这个时代的人们漠视气质，视“气质”如草芥。事实上，气质并不是与生俱来的，完全可以靠后天培养，尤其是对于那些准备站上讲台的培训师而言。

有一个企业培训师叫陆小天，我们看看她为了培养自身气质而进行的相关准备吧！

陆小天来自农村，孩提时代接触的是农村文化。在这种文化熏陶下，虽然自身带有一种淳朴，但是与同龄的城市孩子相比，她有一些自卑，甚至气质上明显逊于其他人。为了实现站上讲台的梦想，她要付出比其他人都要多的心血。为此，她苦心研究“气质”二字，并将其拆解，逐一突破。

古人言：不学礼，无以立。此后还有人说：人无礼而不生，事无礼而不成，国无礼则不宁。“礼仪”二字不仅仅是立足之本，更是一种约束力、一种气质。于是，陆小天首先要打开“礼仪”的突破口，让自己变得有礼度。礼仪课是现在比较火的培训课程之一，其用途广泛，尤其能在人与人之间的沟通交流中产生积极的促进作用。

礼仪涉及的范围很广，包括穿着、交往、沟通、情商等多方面。以穿着为例，穿衣打扮不仅仅彰显一个人的风格，而且也能展现一个人的风采气质。企业培训师是一个稳重的职业，所以它要求培训师着装稳定，不浮夸、不张扬，比如西裤搭配衬衣。陆小天是女生，所以她夏天着装多以沉稳的过膝裙搭配衬衣为主，这样显得干练大方、气场十足。

有了沉稳的着装，下一步就需要整理“仪容”！

民国时期有一私塾老师，因为冬天天气寒冷，他就在私塾旁边烧了一个炭炉取暖。每天一早，学生上课之前，他都会取炭点火，但是烟尘很大，这一通下来常常满脸乌黑，如同花猫。可是他并不以为然，常常念叨：“老师嘛，讲好课就行，脸蛋黑一点也没啥！”事实上，每当他站在讲堂上，学生们看到他一脸乌黑都会忍俊不禁，笑得肚子疼。后来这个“花猫脸”老师出了名，众人议论纷纷：“脸都不洗，又怎么能教好学生呢？”

仪容对于一名即将站上讲台的培训师而言极为重要，因为它完全代表着一个人的形象。倘若你花着脸上来，是让学生听课呢？还是让学生看笑话呢？每次上讲台前，陆小天都要提前十分钟整理自己的仪容，比如洗脸、化淡妆、整理头发和衣服，最后再照照镜子查缺补漏。着装沉稳，仪表干净，那么上讲台就没有问题了。

如果说仪表很重要，那么言谈举止则完全体现一个企业培训师的业务素质。水平高的培训师，语调平稳、举止优雅，一言一行都会对学员产生影响。

首先说一说言谈。笔者认为，言谈就是说话的表述方式，也是交流的前提，这就要求培训师在言谈方面下苦功夫。除此之外，说话要亲切得体有礼貌，像大家好、谢谢、没关系、慢慢来等礼貌用语要贯穿于整个培训，给学员以尊重。在语调方面，要平缓适中，声调过低显得没有气势，影响培训效果；声调过高显得人很浮躁，而且也有失礼貌。

其次说一说举止。笔者认为，举止与言谈同样重要，它不仅是一种肢体运动，更是一种交流工具，一门艺术。举个例子，有个老师上课时总会做一些小动作，这些小动作非常零碎，而且也不受他控制，完全是“习惯”使然。比如夏天天热流汗，他经常用一种“抓耳挠腮”的方式解决痒的问题，有时候他还下意识挖自己的鼻孔，看上去显得十分低俗。后来学生给他起了一个外号：猴子老师！坦白说，这个外号一点也不文雅，甚至折损该老师的形象。但也正是因为这位老师不重视自己的举止，才落得被人取笑的境地。

为了规范自己的举止，陆小天常常做以下训练：

1．头端正，与地面呈90度垂直，双目平视，嘴唇微闭并自然流露出微笑。

2．双肩自然放松，平行，微微下压呈现一种身体向上的态势。

3．双腿直立，双足并拢或自然分开约20厘米夹角；讲堂上步态缓慢而稳重，双臂自然摆动，如坐下则不翘二郎腿或者抖身。

4．不要东张西望或者手舞足蹈，不要在课堂上吸烟或者做不文明的事。上课之前向学员行“躬礼”也是十分有必要的，因为企业培训的学员年龄和职位差异较大。

5．目光柔和，尤其当学员回答不上问题，要以一种鼓励的目光对待。

以上行为举止可以通过日常训练或者上课期间注意而得到校正，另外随着工作经验的积累，台风就会越来越容易把握。

一个人的气质可以通过礼仪语言和举止表露出来，除此之外，还有许多细节也是值得企业培训师加以训练和培养的，比如思想品质、精神面貌、博学多才等。当这一切都到位了，气质也就水到渠成地附在你的身上了。正如罗兰所说：“气质之美与其说是来自内心的修养，不如说它是来自一种对美好事物的欣赏能力。这份欣赏力就使一个人的言谈举止不同流俗。”

撕破“僵尸脸”，提升感知度

人在一中会经历无数老师，有的热情细心，有的严肃认真，有的则像家长般，还有一些冷若冰霜，总是板着脸。

讲一个亲身经历的故事，有一个老师，外号叫“老板”，所谓老板，不是公司老板，而是老是板着脸。“老板”其实是一个阅历很深的老师，他也曾经带出许多名牌大学生，但是他的学生对他的评价不是很高，总是用“老板”来挖苦他。

有一次“老板”找我诉苦：“现在的学生真没有个学生样子，听课不认真，背后还说我坏话！难道老师不都是这样吗？不都是要严肃对待吗？”看到他一本正经的样子，我也笑了。

我说：“‘老板’啊，不是你不好，而是你天天板着脸，过于严肃了！其实你们老师跟我们培训师的职业几乎是一样的，三尺讲台一根教杆、前面是学生，后面是黑板……如果你总这么冷冰冰的，不觉得尴尬吗？”

“老板”想了想似乎也认同我的观点。

“我有一个朋友，她的脸比你还硬，还要冰冷！她的同事给她起了一个外号叫‘梅超风’！这事儿真不能怨学生，要从自身找原因！”我的话让“老板”茅塞顿开！

感知度并不是什么特殊技能，事实上，每个人都具备。但很多时候人们往往因为职业的特殊性而忽略了它、遗忘了它。设想一下，如果讲台上站着的企业培训师是一位带着笑容、阳光积极、触觉敏锐的人，那么他的培训课一定深受广大学员们喜欢。

感知度是人的感觉和触觉的敏感程度，就好像人的皮肤对冷热酸痛等感应一样。如果皮肤感受不到这些，大概是“末梢神经”出问题了，这种情况下，我们称之为“僵尸脸”！“僵尸脸”不是一个美好的形容词，它的出现往往给人带来负面情绪。比如学员看到培训师那张冷若冰霜的“僵尸脸”，第一感觉就是：培训师心情不好，昨天肯定吃瘪了！如果给学员留下这样的第一印象，他们的注意力自然只集中在培训师身上，而不是培训课上。记得之前有一个年轻企业培训师打电话来咨询：“既然培训师的感知度影响到课程质量，那么如何才能提升自己的感知度呢?

以笔者来看，感知能力是一种与生俱来的能力，并不能通过特殊技巧去“拔高”，但是可以通过一些方式、方法去还原这种上帝赋予的能力。只要这种感知能力回到你的身上，就能增加课堂的生动性和趣味性。

其一，安静时多思考

之前讲过关于思考的种种好处，它不仅可以锻炼左右大脑，而且还能够将冰封已久的感知力挖掘出来。感知力是一种感觉，如何将这种感觉转化成一种逻辑和语言，就需要思考。企业培训师要养成爱思考的习惯，尤其是安静时的思考。

当一个人安静下来或者周围环境完全安静下来，也是人的感官神经最灵敏的时候。许多心理学家也发现，人临睡眠之前的状态是感触最敏锐的，并由这种感知转化为思考或者灵感。感知度带来的灵感可以给企业培训师带来授课或建模的新思路……如果没有这样的感知能力，恐怕只能按部就班的机械性授课了，而这样的课通常枯燥乏味，无法激发学员兴趣。

其二，平时多注意观察、总结

有人说：看得多了，自然也就明白了！世界上有许多事情不为人知，有的是过于神秘而无法被解释，还有的则是人的感知无法触及。记得有一个资深培训师，为了培养自己的感知力，他常常举着单反相机去拍照。通过这样的方式，他可以观察到平时不被注意的细微和美丽。用这样的方式他不仅找到了美丽的事物，而且还让自己的审美和感知有了较大幅度的提升。

大人在教孩子提升感知能力的时候，通常会遵循这样一个过程：眼睛观察——耳朵听——鼻子闻——舌头尝——用手碰。整个过程下来，孩子们就会对陌生事物产生感触，并因此得出结论：安全还是危险！事实上成年人依旧可以通过这样的方式来提升感知力，只是相对侧重眼睛观察。培训课堂上，每个学员都会表现出不同的神态和表情，比如有的学员上课打盹，有的做小动作，有的眉头紧皱，有的走神发呆，有的则一脸迷茫。每一种表情都需要培训师去细心观察，然后再通过观察再进行分析和总结。

有一位企业培训师非常善于观察总结，他认为，如果一堂课有超过五分之一的人走神或者做小动作，那问题一定出在授课人身上。通常课堂气氛不佳、授课方式枯燥乏味等都会导致这些问题出现。如果一堂课有超过五分之一的人眉头紧锁，这表明课堂上的难点需要进一步分解讲授；如果一堂课上所有人都积极、认真，那才说明培训师做到位了！注重观察并不是随便看，而是通过观察发现里面的问题。反复的观察、总结、训练可以改变人的惯性思维，与此同时还可以锻炼随机应变、变被动为主动的能力。

其三，适当学习心理学

感知分为两种，一种是外部感知，一种是内部感知。外部感知一般指的是普通感觉,内部感知则属于心理再加工，属于“心理学”范畴。当你看到一个学员陷入迷茫，外部感知只是靠你的眼睛看到，内部感知将这种状态通过大脑进行反馈。如果培训师懂心理学，就会运用相关知识进行分析，然后得出准确结论。

《孙子兵法》中曰：知己知彼，方能百战不殆！所谓的“知”，就是两个层次的感知，只有通过感知才能分析出对方的优势和弱点。企业培训师需要了解每一个学员的特点，就必须借助一定的心理学知识。有人说：每天坚持学一点心理学，你会发现平凡的世界更加精彩！笔者认为，每天学习一点心理学，同样也是提升感知能力和业务素质的方法之一。

企业培训师其实也是老师，课堂之下有许多学生，每一个学生都值得老师去感知和发现。只有这样，培训师才能因材施教，从而制定出更好的培训计划和方案。

气氛营造专家

舞台正中央，一个莲花慢慢打开，一瓣、两瓣、三瓣……此时一团白色的雾从下面慢慢上升，弥漫开来。看到这一幕，台下的观众大多已屏住呼吸、目不转睛地盯着舞台上的场景。就在这时，一个窈窕淑女从莲花中慢慢站起，手持一个莲蓬随着音乐开始舞蹈。

观众纷纷站起来鼓掌叫好，我的一个朋友告诉我：“这个创意真不错，尤其这气氛营造的，真叫一个绝！”我点头表示认同！本来只是一个名曰“爱莲说”的舞蹈，经过这样的编排，无疑更加出彩。首先是舞台上巨大的莲花，其次是升腾起的云雾，这种设计给人一种仙境的感觉。有了这样的气氛烘托，观众自然就会更加期待下面的表演。

接下来，女演员随着音乐做出干净、婀娜的舞蹈动作，每一个动作都显得十分有意境，让人完全沉浸在仙境之中。舞蹈结束后，我才渐渐回到了“现实”！如今许多行业都在挖空心思制造气氛，比如蒂姆·库克的苹果手机发布会，手机未上市就通过发布会以及各种功能展示提前做好“埋伏”其目的就是将其“神秘的”“不为人知”的一面展现给大家，以博得关注。再比如相声表演，步入正题之前常常通过几个“包袱”进行气氛营造。通过这样的编排，往往会达到意想不到的效果。由此可以看出营造气氛并不是一种“无用功”，也不是“吃饱了撑的”，更不是“画蛇添足”，而是一种宣传手段，一种造势方法。这一方法不仅娱乐、舞台、科技等行业需要，对培训师这样的职业同样重要。

我曾经旁听过某企业培训师的一堂课，为了营造气氛，他竟然用一种“魔术”的手段作为开场。这样的方式极为罕见，但是却收到了非常好的效果。整整一堂课下来，既轻松，又让人学到了东西，旁听的领导叫好，学员们更是赞不绝口。所以要想成为一名优秀的企业培训师，首先要成为气氛营造专家。

孔子曾说：“知之者不如好之者，好之者不如乐之者！”这句话很容易理解，凡事建立在高兴快乐之上，对事物的学习和理解就会有明显的提高。

曾经某私塾老师教孩子背诵《三字经》，每天一早就开始背。他们个个摇着脑袋、眼睛微闭开始背，如果背错一个字就会挨老师的戒尺！这些学生虽然不想背，但又害怕挨打，于是只能死记硬背。通过这样的方式当然也可以记住，可是记住之后又很快忘了。用这种没有兴趣的、纯机械式的学习方式，最后只能培养出一群只会"之乎者也"的蠢秀才。与这家私塾对过的另一家学校，这里的老师曾经是个画匠。在学习《三字经》之前，他让学生们看自己画的画，学生看后说："老师，你这幅画的意思是不是'人之初、性本善'啊？"没想到，学生们还没有背诵《三字经》，仅仅通过这幅画便领悟了。

以笔者看，培训师这个角色并不仅仅只是一个授课老师，他要扮演的是一个引导者或组织者的角色。通过营造气氛，激发学员的兴趣，有了兴趣自然就会有学习的动力！那么如何才能成为气氛营造专家呢？

其一，改变传统开场，活跃课堂气氛

假如学员们遇到一个板着脸的传统培训师，往往都会倒吸一口气，"完了，又是一个这样的！"所以说，用严肃的传统方式开场，倒不如别开生面地营造一下氛围。有的培训师会用"歌曲"的形式引入正题，学员与老师共唱一首歌，不仅缓解了师生之间的紧张关系，而且还使得学员充分放松，并对课程充满期待。还有一些培训师会设计一些互动的小游戏，比如抢座位等，通过这些趣味游戏向授课内容过渡。

培训师授课一定要"活"，"活"有两层含义：一是灵活；二是活动。如果把一堂课变成一个课堂活动，那么所有的人都愿意积极参与。除此之外，培训师还可以通过"自由讨论"的方式让学员们有自己发言或者总结经验的机会，这样也会起到比较好的效果。

其二，结合现代教具抓住学员眼球

传统的教具就是一张讲台、一面黑板，一根教杆、几根粉笔……公司里的学员大多都是“过来人”，对这样的授课方式大多都会“耿耿于怀”！企业培训师完全可以借助先进的教学工具进行教学，比如投影仪、幻灯片、iPad等多媒体教学工具。

某培训师正在讲述关于“从节约一滴水、一度电做起”的课程，他并没有直接选择粉笔书写，而是借助投影设备给学员放了一个相关题材的微电影。学员观看完之后，内心起了波澜，“节约意识”逐渐从大脑中开始建立起来，培训师借助“微电影”营造气氛的目的也就达到了。

PPT制作技术是企业培训师所必备的技能，培训师们可以通过制作优美的PPT课件把授课内容呈现出来。寓教于乐的授课模式在国际上极受推崇，具有相当好的使用价值。

其三，善用幽默语言营造气氛

某公司有一个名叫孙丽丽的企业培训师，她擅长用笑话营造教学氛围，并且取得了非常好的效果。

大多数人都爱听笑话，尤其是一些现实中的笑话。比如某学员工作时间喝酒闹出来的笑话……这样的笑话不但可以营造气氛，而且还有警示作用。还有一些培训师有着非常幽默的口才，结合一些时尚名词或者网络句式进行授课，不仅缓解了授课气氛，而且还让学员觉得自己平易近人。

有人说：最好的老师，就是最不像老师的那一位。这句话对企业培训师而言也是如此。倘若一堂课，学员们既听了笑话，又看了美图，还学习了知识，那么这样的授课老师就是完美的。

营造气氛并不是技术含量很高的活儿，只要企业培训师们热爱生活、善于总结、敢于大胆创新，就一定能够成为一名伟大的气氛营造专家！

“课堂灭火器”的使用方法

某公司在做内训时曾经出现过这么一件事，培训师小吴正在讲着课，但是讲台下却突然热闹起来，到底发生了什么呢？

一个学员看到培训师小吴写了一个错字，然后与他人交头接耳说：“这个培训师连字都写不对，凭什么给我们讲课？”

“是啊，公司也太不负责任了吧！”

培训师小吴听到之后，觉得非常意外。这样的事情他也从未遇到过，他后悔自己写错了字。但是他想，课堂是一个严肃而神圣的地方，即使自己写错了字，也不能轻易让学员们哄堂。于是他转过身，微笑着点名那位制造意外的学员：“这位学员，请你上台把我写的错字改过来，在此我由衷向你说声谢谢！”

此话一出，那位学员非常尴尬，他站起来，结结巴巴地说：“老师，我不是故意的，其实只是一个无关痛痒的错字。”

“犯了错就一定要改，没事儿，你大胆上来改就好！”小吴向他施加压力。

"好吧！"

这位学员走上讲台，将错字改过来，带着一脸尴尬回到自己的座位上。其他学员也担心"得罪"小吴而纷纷低下头默不作声。其实这样的"意外"只不过是学员们"自导自演"的小插曲，目的是让年轻的培训师出丑罢了。笔者在许多公司都遇到过类似的场景，与其说意外，其实更像唐僧师徒四人西天取经路上的九九八十一难中的其中一难而已。

小吴老师做得非常好，既防止了意外事件的扩大，而且还让挑事学员认识到自己的错误，树立了课堂上的权威。事后，许多学员纷纷议论这件事，他们大多数对挑事学员持批评态度："不就是一个无关痛痒的错字吗？就显得他能耐最大，结果吃瘪了吧！"

培训师也是人，人无完人，是人就会犯错误。尤其在一个公司内，学员不同于小学生，他们大多有丰富的工作经验、人生阅历，有的甚至比企业培训师还要有资历，这种不对等的课堂往往更容易出现意外。比如讲课过于书匠气会被评价为无实际经验，写错字、讲错教义会被认为无水平，压不住场就会被认为职位太低等。企业培训师确实是一个挑战性很大的工作，常常会面临各种各样的困局！有人说，教育的技巧并不在于能够预见到课堂上所发生的所有事情，而在于如何根据实际情况巧妙地化解所出现的各种意外。作为一名培训师，应该学会如何使用"课堂灭火器"进行"灭火"，只有做到这一点，才能保障培训课程的正常运行。

课堂灭火器之主动出击

许多培训师都会在课堂上遭遇权威挑战，尤其是那些资历老的学员常常会倚老卖老、故意为难年轻的培训师。虽然这是一种极其不礼貌的行为，但是却无可避免地存在着。

一名培训师正在讲有关“风险控制”的课程，此时一名五十岁左右的资深学员在下面提出质疑：“老师，你讲的这些知识我们都懂，如果让我上台讲我也讲得了，你能不能讲一些更加实用的？”

这位年轻培训师并没有显得底气不足，而是主动出击：“理论是实践的基础，所有理论都要经过实践。这位学员说得很对，所以大家可以针对‘理论与实践’的话题进行讨论！”然后培训师给“踢场”的学员安排了一个任务：“这位老师，我真诚邀请你做这个讨论会的评判员，最后给大家总结总结！”

培训师的主动出击可谓一石二鸟，不仅巧妙化解了尴尬场面，而且还将“绣球”抛给了踢场子的学员。这位学员似乎也倍感压力，但又因为话已出口，覆水难收，只能硬着头皮完成培训师交代的任务。事实上，课题讨论也属于培训的方式之一，不仅不违背培训的初衷，而且还坐收渔翁之利。

课堂灭火器之勇于承认错误

课堂上什么事情都会发生，有时候培训师因偶尔“打盹”，讲错教义，遭到较真的学员的质疑，这种场景也是非常难以处理的。

不久之前我旁听过一堂培训课，某公司培训师在讲课过程中出现了错误，较真的学员们提出了异议，课堂上顿时陷入一片“混乱”！起初我担心这位培训师的应变能力，因为如果处理不好，恐怕课时的剩余部分将无法顺利进行下去。

但这位培训师似乎很老练，她主动将课停下，推了推眼镜，然后拿着讲义走出教室。此时学员们似乎觉得自己“得逞”了什么，纷纷议论起来。过了一会儿，这位培训师重新走上讲台，郑重其事地向讲台下的学员鞠了一躬，然后说：“各位学员！今天由于我的失误给大家带来不便，也请大家原谅！为了弥补我的过失，我给大家唱一首歌怎么样？”学员们也并非无理取闹，当他们看到培训师诚恳的治学态度，纷纷鼓掌！最终这位培训师以一首《祝你平安》实现完美救火！

错误是造成问题的主因，承认错误就是解决问题的方法。许多培训师往往为保住自己的面子，死不承认自己的错误，有的还将矛头指向闹事学员……其实这样不但解决不了问题，还会让“火势”蔓延，错过最佳扑救机会。知错就改不仅仅是一种美德，更是绝佳的“课堂灭火器”！如果确实是因为自己讲错了，那就主动承担错误。古人言：知错就改，善莫大焉！

课堂灭火器之幽默提醒法

有人说，课堂之上，讲台之下，你永远不知道下面的学员会做些什么！言外之意，不是每一个学员都会认真听讲，总会有那么几个走神的、交头接耳的、睡觉的等，假如培训师们遇到这种情况，该如何处理呢？

> 有一个企业培训师的处理方式很有趣，他是这样做的，当他看到有学员心不在焉、走神儿的时候，就会让旁边的学员拍拍走神学员，然后幽默地说：“难道窗外的蝴蝶还没有飞进来吗？”走神学员听到培训师如此一说，便尴尬地笑了笑，然后开始认真听讲。
>
> 遇到了交头接耳的学员，他通常会微笑着说：“同学们，过会儿

我会留给你们时间讨论，现在你们能否留给我时间讲完呢？”这样的表述不仅可以制止交头接耳的行为，而且还是一种互相尊重的、以心换心的交流方式。

还有的学员可能因为课程乏味或者休息不好而趴在桌子上睡觉，此时这位培训师便将目光盯在这位学员身上。学员被同桌喊醒，看到培训师的目光后便重新坐正身子。培训师补充一句：“不知道是庄周梦到了蝴蝶，还是蝴蝶梦到了庄周……很显然，今天庄周另有其他任务！”此话一出，台下众学员都笑了。

借助幽默的语言处理课堂意外是非常好的一种方式，幽默常常可以让干戈化为玉帛，而且还可以充当“灭火器”进行灭火！

处理课堂“火灾”的方法还有很多，企业培训师们可以通过自己的工作进行总结和领悟。掌控讲台是培训师们的必备技能，“玩转讲台，展现自身魅力”是每一名优秀企业培训师都应该做到的。

结合肢体，展现魅力

有个心理学家曾经研究发现，肢体语言比有声语言还要重要，甚至还得出一个公式：信息传递=7%文字+38%声音+55%肢体。通过这个公式可以看出，肢体语言在人的情感表达、相互交流等方面有着重要意义。

几年前春晚有一个舞蹈节目非常火，叫作千手观音。千手观音是由一群聋哑舞者表演的，她们不借助任何声音，完全靠肢体征服了所有观众。春晚之后，许多人感慨，舞蹈的感染力和生命力远远超过任何一首歌曲！肢体不仅能表达情感，而且人们还可以通过肢体揣摩到他人的意图。有人说："你的言语没有破绽，可是你的眼神、你的一举一动却出卖了你！"肢体完全是受人的真实情感和心理状态所支配的，可以说有什么样的内心就会展现出怎样的肢体。

笔者认为，肢体语言不仅可以直接用来传递情感展现魅力，而且还可以代替那些难以启齿或者无法用形容来表达的有声语言！倘若能够将肢体与企业培训师的教学相结合，是一件非常有意义的事情。

以前我私下问过许多学员一个问题："你觉得什么样的企业培训师最有魅力？"我得到了以下的答案：

第一个答案是："口齿伶俐，知识渊博，平易近人，易于沟通。"

第二个答案是："当然是讲台上姿态最优雅的老师最有魅力！"

第三个答案是："其实大多数老师讲课水平都差不多，最有魅力的一定是在不经意间举手投足都散发魅力的那一个！"

第四个答案是："我蛮喜欢那种行为举止有人情味的老师！"

……

虽然每个学员的答案都不一样，但是总结一下却发现其中有一个惊人的一致，即举手投足间散发的魅力！所谓"举手投足"，其实就是一种肢体语言，有的优雅，有的个性，有的夸张，有的幽默风趣，有的沉稳，有的绅士风度。每一个动作细节似乎都传递着培训师对学员的情感，有真诚、友善、耐心等。

肢体语言并不是一种难以掌握的外语，而是一种简单易学、易于把握的肢体动作。它不需要培训师们为方寸讲台而苦练"舞蹈基本功"，只是需要稍加控制、适当变化一下即可。

一、合理运用眼神

眼睛是心灵的窗户，关乎眼睛的成语比比皆是。而眼神是靠眼睛所表现出来的神采，作为一种肢体语言，每一个眼神都会代表一个含义。比如蒙娜丽莎的神秘和美完完全全就是通过眼神传递出来的。

企业培训师在讲台之上，往往是处于一种居高临下的状态。在这样的状态下，眼神的运用是非常有讲究的。比如刚刚开课时，培训师可以用一种充满自信的眼神，向学员传达一种Hold住的姿态。随着课时的进行，培训师完全可以以一种微笑的眼神示人，给人一种温和的态度。那些凶神恶煞般的眼神常常给人以压抑或恐惧，而不屑一顾的眼神则给人一种轻浮或者瞧不起人的感觉。

我曾经观察过许多优秀培训师的眼神，他们常常通过眼神传达精神面貌、命令指令等，学员们看到培训师的眼神变化可以做出相应反应。与此同时，这些优秀的培训师通过眼神充分展现出个人魅力，让学员们只要想起那双眼睛，脑子里就有这个培训师的面孔和音容笑貌。

培训师们运用眼神的技巧并不难，平时可以对着镜子练习，如果无法灵活控制自己的眼神，那就尽量减少眼神的变化，采用一种眼神上课。

二、合理运用手势

手势作为人类的第二种语言，似乎比一个眼神、一个表情更加重要。在无声的世界，人们完全可以通过世界通用的“手语”进行沟通。手语不仅仅打破了有声语言的国家、地区、民族的限制，而且作为一种世界通用语言更体现了人们的智慧和魅力。企业培训师在授课中结合一定的手势，不仅可以促进交流，而且还可以释放个人的激情。所以我们常常看到那些伟大的演讲或者公开课，培训师或者演讲者总会在激情演讲中挥舞自己的拳头，给人一种振奋的力量！

课堂上最常见的手势有这么几个：举手表示同意，摇手表示反对，招手表示欢迎，伸出双手便是拥抱，拍手表示赞赏，摊开双手表示无奈，握拳表示力量，抱拳表示礼貌，挥动拳头表示严厉反对等。培训师们可以根据情况合理运用这些手势，切记做出手势往往要心神合一，而且还要与语言相结合。当然有的手势是有强烈的指示性和命令性的，对于这些手势培训师们要慎重，不要滥用手势。

三、合理运用站姿、坐姿、步姿

俗话说，站有站相，坐有坐相。那些懂规矩的人，站着腰身笔直，坐着如同站立一般挺拔，走路姿势平稳而有力。企业培训师同样也是一个受人尊敬的职业，所以要对此有所重视。

比如在开场前企业培训师为了树立起崇高威信，就必须站姿笔直，挺胸收腹，双臂自然下垂，给人一种正式、严肃的感觉。学员们看到这样的姿态，自然也会有所敬畏。当课时进行到一半，培训师们可以将双脚适当分开，但重心要始终在两脚之间徘徊，这样的姿势就会给学员传递一种很放松的信号。坐姿也是如此，双腿并拢、身子前倾、目光平视前方，这表示培训师对这堂课的重视，当然稍微随意一点的坐姿也是一种“惬意”的体现，通过这样的坐姿，学员们也可以感受到培训师的个人风格。

步姿更是三尺讲台上重要的环节，倘若一个培训师走路无力，甚至左右摇摆，肯定会被下面的学员笑话。沉稳、舒缓、轻盈的步姿常常是一种“自信”“睿智”“掌控局面”的体现。那些步态优雅的培训师常常使学员难以忘怀，更为讲台增添一抹美丽色彩。

肢体语言是一种非常神秘的语言，它与生俱来的魅力似乎与企业培训师相得益彰！当你身在讲台认真讲课的同时，请不要忘记自己的肢体语言，或许它可以带来意想不到的效果！

通过沟通传达情感

杰弗森是一个聪明人，但是他最近一直钻牛角尖，而在外人看来，他所遭遇的困惑并非是无解的。他一度严重失眠，甚至像一名抑郁症患者，而他原本从事的生产设计工作也被人取代了，他只能暂时去看仓库。后来杰弗森身边出现一个人，她叫玛拉。

玛拉用一种极其关心人的口吻问他："嗨，你的头还疼吗？"

"还有一点，昨天没有睡好觉！"杰弗森点点头说。

玛拉将手按在他的肩膀上，然后说："放松，再放松……好的，你的肩膀、颈部肌肉非常紧张，长此以往是要出问题的！你尝试一下深呼吸！一定要完全放松下来，对，非常好！"

按照玛拉的引导，杰弗森做了几次深呼吸，他感觉确实舒服了很多。杰弗森非常感谢玛拉的出现，他说："谢谢你！"

"不用客气，如果有空就来听我的课吧！"玛拉说。

玛拉其实是刚刚到公司上班的培训师，她也是听说杰弗森离婚的消息后第一时间来到仓库与杰弗森进行心灵沟通的人。在她看来，每一个人都会受到这样或者那样的干扰，失业、离婚、病痛等，所以她打算通过心与心之间的沟通帮助他们化解困惑。言外之意，沟通也是培训师最重要的技能之一。

第二天一早，杰弗森出现在玛拉的培训课上，玛拉以及全体学员以热烈的掌声欢迎他的到来。经过一个阶段的培训学习，杰弗森慢慢从阴霾中走了出来，他非常感激玛拉对他无私的帮助。事实上，玛拉并不是心理医生，她只是通过沟通释放了他心中的郁闷。

沟通是什么呢？可以说是一种对话，或者是一种情感间的交替。沟通还是一种有目标、有指向性的交流方式，它并不是漫无目的、毫无针对性的！培训师与学员进行沟通，一方面可以了解学员的困惑，另一方面再通过话疗进行干预。然而许多培训师缺乏行之有效的沟通，致使沟通演变成一种无计可施的聊天。那么培训师如何才能进行有效沟通呢？

首先培训师要设定一个目标，这个目标可以是人，也可以是事。比如一个学员因情绪问题导致工作效率下降，培训师与其沟通的目标就是缓解其情绪问题，以提高他的能动性和办事效率。有了这样的目标，沟通就有了方向。当他接触到这位学员时要尽可能地通过话语打开他的心扉，找出症结。在这里提示一点，沟通也是需要技巧的，并不是随便打开话匣子！有时候，沟通要掌握语速、节奏、情感，而且一定要讲真话，配合适当的肢体语言，让学员们充分信赖你，敢于将心交给你。

孙立芳是某企业的培训师，她遇到了一个难啃的骨头。一个外号叫猴子的学员，因为工作疏漏引发了事故，造成一人重伤，他一度打算辞职，但是被孙立芳拦了下来。

孙立芳对他说："老邱的伤虽然是因你而起，但是事情已经发生了，已经无法改变！你如果走了，离开公司，这只能是一种逃避。即使你走了，也不会改变事情的结果！"起初这位学员听不进去，他觉得自己的生活已经完全被改变，无法回到过去了。孙立芳并没有气馁，而是非常耐心地劝导他，希望他留下来，而且还与受重伤的老邱一起挽留他。

孙立芳的耐心和真诚最终打动了这位学员，他终于答应留下来，而且还上了孙立芳的培训课。

就像托马斯·伦纳德在《智慧超群的培训师》中写的："如果你是真诚的，优秀的人将愿意伴你左右。因为尽管我们都寻求并想最终拥有一个最佳的现实，现实的真相依然非常非常吸引人。"

沟通是一剂良药，但它并不是苦口良药，它是令人感到甜蜜的、幸福的良药。记得我曾经的导师说过一句话，"许多人都希望另外一个人走进他的身体，取走那些原本不属于他的东西！"这些"东西"指的就是痛苦、悔恨、迷茫、压抑、逃避等。

其次沟通要达成某一个共识，这个协议是双方沟通后才能实现的。值得培训师注意的是，每一个沟通对象都各不相同，针对不同的对象，要采用不同的方法和策略。

比如有的人是那种直言直语的话唠，与这样的人沟通，采取"聆听"的方式反而更好一些，等他的台词说的差不多了，培训师再准备出击，但切记如果出击的时机不对，沟通就会中断，也就达不成共识。还有一种人，属于支配性人格，这一种人通常办事效率高、不喜欢废话，与这样的学员进行沟通，一定要言简意赅、突出重点。对于那些内向的、不善言谈的人，不要口若悬河、滔滔不绝……因为没有一个人喜欢听过多的废话，一则不方便理解，二则容易产生厌倦，针对这种人，培训师一定要有耐心，循循善诱，说话时注意轻重缓急，甚至还要结合面部表情。除此之外，与学员沟通一定要放下架子，不要站在老师的高度上，凡事可以用

“商量”的语气，更不能用“惩罚”措施向对方施压。要知道沟通天平的两端都是公平的，一旦天平失衡，沟通也将结束。

如果通过沟通，双方达成了默契，那么培训师就基本成功了。俗话说，好的沟通是成功的一半！如果通过沟通消除了彼此的障碍，培训师的授课效果会更佳。

沟通的最终目的又是什么呢？我们来听听几个培训师的话。

培训师小吴说：“沟通的最重要目的其实是建立情感，有兄弟们或者姐妹般的友情，甚至亲情。”

培训师小孔说：“我觉得沟通的最终目的是让事情圆满吧！”

培训师小孙说：“沟通就是架在两颗心上的一座桥，有了这座桥，大家彼此心灵相通，两股力才能拧到一起！”

成功的沟通其实就像打开一扇门，门里面陈放着许多有价值的东西。企业培训师只是一名普通的老师，但是通过沟通，不仅可以提高授课效果，而且还可以建立起心灵的纽带，何乐而不为呢？

Chapter 3

提高传播力：美化课堂

巧妙布置课堂，提高授课趣味性

教室是老师教学、学生听课的地方，这个地方崇高而又神圣。在一个干净、摆列整齐、优雅的环境下学习也是学生们的一件幸事。教室是老师和学生们的“家”，这个“家”在布局中其实也要讲究中国风水。风水并不是迷信，而是一种学问。巧妙布置课堂不仅可以提升授课效果，而且还可以增加一定的趣味性。在一个有特色的教室内学习，相信也是每一位学生梦寐以求的！

作为一名优秀的企业培训师，除了要认真备课、讲课、传授知识之外，还应该具备布置课堂的能力。课堂的布置完全取决于培训师的授课风格和特殊安排，每一种风格都有其优势之处。下面笔者就介绍几种不同风格的教室布局。

第一种：课堂式布局

课堂式布局是最传统的布局方式，讲台在上，课桌在下并整齐排开，这样的课堂布局几乎是所有学校的“标准布置形式”。这样的布置凸显了培训师的权威，培训师完全可以采用一种“俯视”的态势进行授课。这样的课堂布局优势很明显，前排坐个子矮的女生，后面坐个子高的男生，前后左右均不受视线困扰。讲台位于课桌的正前方，于是学员们的目光便会自然锁定在培训师身上。这样的布局适合培训师的常规授课，而且也便于培训师对下面的掌控。

但这种传统布局也有一个很明显的缺陷：学员可以利用培训师的视线阻挡看手机、看闲书、睡觉等！这就要求培训师常常走下讲台，转遍每一个角落……

第二种：会议长桌式布局

这种布局是按照“会议”设计的，学员们彼此挨在一起，非常适合沟通、交流和讨论，是一种打破传统的布局形式。通常情况下，培训师位于会议长桌的前端，充当“董事长”的角色。培训师设计这样的课堂，其目的是增加课堂的“讨论”氛围，学员围绕其中，可以彼此发言讨论。培训师在这样的布局中充当裁判和决裁者，非常有趣味性。曾有培训师用“公司开会”布局模拟过一堂培训课，取得了非常高的评价。后来有学员评价：“没有想到我们的培训师还有这样的想象力，我们这些普通人竟然还过了一把老总瘾！”

第三种：圆桌式布局

这样的布局设计不多见，更加类似于集体聚餐。培训师常常用这样的方式对学员进行分组，每一组可以独立完成一个课题的讨论或者一个模型的设计研发。除此之外，这样非常适合做游戏，那些打算引入游戏教学模式的培训师完全可以采纳这种布局。事实上，企业培训课的一个根本目的就是培养学员的团队精神和凝聚力，圆桌式布局就显得非常科学了。在这样的布局中，培训师往往充当一个“课题组组长”的角色，这个角色很有特点，完全是仿照“课题攻关”模型设计的。每一组学员都可以围在圆桌前尽情地发挥自己的想象力，并能总结出具有建设性的意见和结果。

第四种：八字团队式布局

这种布局是非常前卫而大胆的，其外型就像老爷爷的八字胡。培训师设计这样的课堂又有什么意义呢？其实这种布局常常可以在保险公司的培训室内看到，其目的也是培养团队精神的。与圆桌式布局不同的是，培训师是完全参与到每个小组的讨论，而非充当课题组长的角色。

举个例子，某保险公司开展团队培训课，培训师沿用了这一布局，将36个学员分成6组，每一组6个人，每一个小组有5名学员，1名组长。这些小组都参与讨论一个共同话题：团队建设。在规定时间内，每一个小组都要完成自己的课题，培训师可以参与到这个课题的讨论与指导。课程结束后，培训师可以给每一个团队总结陈词，并打分。这样的布局是非常好的“交流局”，并且方便培训师与每一组学员的互动，通过这种互动，加深学员对培训课程的理解。

第五种：U 形会议布局

这种布局常见于董事长带领董事会成员进行公关课题的时候。其实这样的布局也非常适合培训师进行安排，而且极其适合培训师与学员之间的沟通和交流。培训师位于U形布局的中央，讲课的声音可以均匀传达到每一个学员耳朵里，不受距离影响。

笔者曾经旁听过这样布局的一节课，培训师位于U形布局的中央，有非常好的上课效果。从外面看上去，这堂课又非常像一个游戏，每一个游戏参与者的戏份都是一样的。当然这样的布局需要培训师有很强的场面控制力，如果控场经验不足，课程就很容易“散”掉。这种布局的最大优势是它独一无二的“体验”性，每一个学员都可以平等地参与到培训课程的进程中，并且与培训师保持等量的距离，如同月球与地球保持的引力和斥力一般。

第六种：大圆体验式布局

说到这个布局，大家可能会联想到儿时玩过的“丢手绢”游戏。这样的布局的确并不适合室内，而是一种室外课堂布局。培训师常常在户外体验课上选择这种方式，让大家围成一圈，更像是一个大家庭，培训师在这个大家庭中充当家长，学员们则充当不同角色的家庭成员。

笔者也曾经用过这样的体验式布局，大家彼此分享自己的经验和人生，可以按照循环进行，也可以随机互动。事实上，培训师需要大量的“体验课”对传统课时进行补充，许多学员似乎也更喜欢这样的体验式的互动布局，学员们彼此分享经验，培训师总结陈词。这种交互性强且十分惬意的“家庭式”布局非常值得年轻的企业培训师去学习和运用。

课堂布局的种类还有很多种，笔者就不一一介绍了。课堂布置更多可以体现出一个企业培训师的讲课特点和控场水准，每一种布局都能体现一堂课的风格和特点，而且还可以增强课程的效果。因此培训师们可以经常更换课堂布局，不仅可以增加趣味性，而且还可以让学员们感受到不一样的、奇特的教学。

随机应变的教学方式

曾经有一个老师，非常传统，是典型的“老夫子”式的老师，学生们给他起了一个绰号叫“老古董”！这位“老古董”上课几乎没有什么“意外”和“新鲜”，每天走上讲台，备课本一放，袖子一撸，就开启传统授课模式。

每当他讲课，学生们就开始在内心叹气："这个老古董，就不能换换教学方式吗？"还有一些学生则直接打瞌睡，还有一些走神儿。总之，学生们对这位老师的评价不高。

"老古董"最大的特点就是自己在上面讲，讲台下面处于一种"鸦雀无声"的状态，整个课堂上似乎笼罩着一种阴霾。当然笔者并不是讽刺这位老师，因为课堂气氛的好坏也能说明讲师授课质量的高低。倘若学生们对老师的上课内容没有什么反应，就很难让他们建立起兴趣，那这样的课也就失去了意义。

灵活的教学方式不仅可以一扫阴霾，而且可以让学生们常常保有一种新鲜感。俗话说，喜新厌旧！作为一名企业培训师，应该勇于创新，打破陈旧，不做"老古董"，而要力争做一名随机应变的老师。

互联网时代，教学方式也像网络一样有了较大的变化。曾经的一块黑板、一张讲台，有可能已被一个微信、一款软件所代替。曾经的教学方式都是框定在一个教室内，而如今完全可以实现互联网远程培训。除此之外，多媒体设备的出现更加丰富了教学手段和培训方式。老古董式的教学方法早已经不能适应当今社会的发展，而且有时候还会被学员瞧不起。不久前，一个学员对我说："实在不敢想象现在竟然还有不懂电脑、不会打字、不懂PPT的老师。"科技的进步也促使培训师们随之进阶，如果抱古守旧，就只能被社会淘汰。

现在最流行的一种教学方式是远程教学方式，这种方式是近十几年才出现的，目前已经发展成继传统课堂教学方式的第二大教学方式。这种教学方式不限时间、空间，可以随时随地开课，培训师授课只需要一台互联网设备和一个软件，学员也是如此。

腾讯QQ授课平台：QQ作为国内资历最老的社交聊天工具，非常适合培训师建立远程培训平台。培训师可以通过建立一个QQ群，然后将学员们拉进QQ群里进行授课。QQ平台不仅可以提供语言、图片，还可以提供视频，上传课堂文件也非常方便。当下QQ使用人数多，使用方便，是远程培训的首选平台。

微信授课平台：微信平台是移动互联网设备的最常见的社交平台，手机时代，学员们只需要拿起手机，在有网络覆盖的地方就可以实现听课。除此之外，微信平台方便学员与培训师之间的交流，可以公开，也可以单独私聊。微信平台还提供红包功能，在培训学习之余，还可以互相发红包，保持快乐气氛。

军事化教学方式也是现在企业培训师比较常用的教学手段。这种教学方式常常是安排在户外进行，是一种非常好的体验式教学手段。企业培训师通过“军事化拓展训练”等方式激发学员的潜能，并培养学员的意志品质和团队精神。

有个案例，某公司组织军事化户外拓展教学，培训师小赵带领60名学员去了某拓展基地。

培训师小赵完全仿照军事化训练制订了一个教学计划，这个计划是：400米的越障跑、过天梯、大脚板游戏、空中单杠、钻铁丝网、过断桥等，只有通过所有关卡的学员才能进入分享室进行分享、总结并领取“军事化拓展训练结业书”。

这个教学方式很特别，但是也非常考验人。60名学员最后有57人顺利通过，另外3个人经过“补考”也都过关。经过军事化拓展训练后，培训师小赵和60名学员回到分享室，大家彼此分享了内心感受。

小刘说："虽然很累，但是这个训练给我带来了很大的帮助。平时我是一个不擅长交际的人，但是此时此刻我却收获了友谊！"

小王说："这个训练其实是挖掘自己的意志力和团队精神，自私的家伙是无法毕业的！"

还有一个学员这样认为："意志品质和团队精神恰恰是我们这些公司员工所缺乏的，我觉得赵老师的课真得很棒，让我们重新找了回自己！"

类似这样的案例和故事还有很多，通过这种培训方式，企业培训师可以让学员们自己发现问题，通过归纳自己解决问题。这种方式采用的是"体验优于学识"的方法，不仅独特，而且还有很强的实战性和目的性。

还有一种寓教于乐的培训方式，即游戏教学法。这种教学方式往往以"游戏"开始，然后再以"游戏"结束。企业培训师将游戏与教学相结合，在一种轻松愉快的氛围中完成授课！

现在许多学员工作压力大，精神高度紧张，如果采取"严肃"式培训模式上课，可能会适得其反。培训师在这种培训模式下充当"游戏制造人"的角色，他设计游戏，然后邀请学员参与游戏。这个游戏有一定的娱乐性，而且还有很强的目的性。培训师可开发设计的游戏种类有很多，可根据培训大纲自行安排。但游戏教学法切忌千篇一律，培训师要定期更换游戏以保持学员的好奇心，否则糖吃多了也会腻。

灵活多变的培训方式可以让课堂气氛更加活跃，学员的参与更加深入，与此同时也会锻炼出优秀的企业培训师。正如赫拉克利特所说：唯有变化才是永恒的！

全脑出击，调动学员积极性

随着时代的进步，越来越多的“新资源”被科学家所发现，比如人的大脑区域。人的大脑里的每一个区域就像是地球上的未知领地，科学家们经过研究发现了大脑的奥秘，左右大脑就像男人和女人一样，一个负责思考，一个负责情感。但是有时候，一个人想要让整个大脑运动起来是非常难的事情。倘若一个人的全脑被调动起来，就如同重新打开了一个智库。

人的各种“潜能”就潜伏在左右大脑里，人们在想尽一切办法来获取它。以美国为例，自五十年前罗杰·斯佩里发现了左右脑各拥有独立的“智区”后，美国人就开始走上了一条“开发全脑”的道路。现在全美有超过6000名的教育工作者在从事相关课程的研发，并且已经有超过25万名的学生因此受益。全脑出击教学俨然已经成为时代新宠，目前正以海啸之势席卷全世界。作为新时代的企业培训师，应该顺应潮流，掌握全脑教学法，致力于培养出高智商、高情商的“全脑毕业生”！

我们想要熟悉一个定义，什么是全脑教学。顾名思义，全脑教学其实就是将脑科学转化成现实技能的教学方法。比如一个人的大脑区域所掌管的记忆力，通过全脑教学法将这种潜力挖掘出来从而转化为实际记忆力。全脑教学的核心就是“开发大脑”，通过开发学员的大脑达到培训之目的！

俗话说，万事开头难！企业培训师为了达到目的和提高传播力，就必须全力以赴，掌握一定的全脑出击的方法策略。

其一，提高学员的注意力

授课效果好不好，关键要看学生是否听讲。说白了，提高学生注意力的最好方式不是挥舞教杆、丢粉笔头，而是提高自己的教学能力。一个风趣幽默、台风好、知识渊博的老师往往能让学员们聚精会神，原因是什么呢？很显然，诚如前面所提到的，让课堂变得轻松、幽默、富有“卖点”，才是提高学生注意力的关键所在！

举个例子，有位企业培训师为了提升授课效果，竟然利用业余时间练习“评书”。在他的培训课上，学员们经常可以听到他的评书段子，许多学员仅仅是因为一个段子而认真听完整整一堂课。没想到的是，小小的评书段子竟然就是提高学员注意力的核武器。学员们的注意力提高了，自然就能掌握牢培训的知识，无形中也促进了自己的全脑开发！

其二，提高学员的记忆力

传统提高记忆力的方式方法就是“死记硬背”，许多时候通过耗时耗力的“死记硬背”确实能记住不少东西，但是这样的记忆非常短暂，记住得快，忘记得也快。这种暂时性记忆很难转化为有效能力，这就要求企业培训师们有更好的方式方法。

人们对什么样的东西过目不忘呢？科学家曾经有个研究，人们对自己喜欢的或者感兴趣的东西更容易产生永久性记忆！既然如此，企业培训师在培训过程中唤醒学员们的“兴趣”才是重中之重！唤醒“兴趣”的方法其实也有很多：一是提高授课的趣味性；二是采用人性化的辩证式教学。

注重培养学员的科学记忆法也是一个重要方式，比如选择记忆法、比较记忆法、联想记忆法、口诀记忆法等。学员们掌握了这些“神奇”的记忆方法会大幅度提高自己的记忆力，从而提高学习成绩。

其三，提高学员的观察力

巴甫洛夫说过一句话：观察、观察、观察！三个“观察”为递进之意，只有多观察，才能提高观察力。但是企业培训师应该怎么去做呢?

最简单、最直接的办法就是刺激“感官”，这个方法常常可以借助多媒体、幻灯片以及课件等来实现。通过大量的、直接的感官刺激，就会提高学员的观察力。

触动学员观察的敏感神经也是一个重要方式。这种方式需要培训师采用一种“感化”教育，用“感化”触动学员，让学员用眼睛去看，用心去体验。

其四，提高学员的想象力

观察能力提高了，自然就会联想到“想象力”这三个字。想象力可谓“创造”的温床，没有想象力，也就没有汽车、电脑、互联网。

企业培训师让学员们拥有丰富的想象力，对公司创新有着非同凡响的作用。想象力常常反映大脑的灵活性，越是聪明的人，往往越拥有强大的想象力。开发学员的想象力并不是一件容易的事情，这需要培训师能做到以下几点：

1.掌握丰富的知识开阔学员的眼界，只有开阔了学生的视野，才能激发他们的想象力，比如看到月球就能联想到捧出桂花酒的吴刚。

2.用发散式教学方法培训学员的发散性思维。

3.重视练习和体验。许多灵感是借助大量的练习、体验所得到的，比如有学员有过多次设备管理体验后，便能发明创造出新的节能环保设备。

4.重视心灵的教育和培训！有人说：心灵是创造世界的原动力。

重视心灵培养，是打开一个学员心灵的万能钥匙。

如果一个企业培训师能够做到以上几点，可以从根本上激发并提高学员的想象力。

其五，提高学员的逻辑思维能力

逻辑思维能力是“辩证法”，说白了就是左右大脑协同作战。当然在以上五个重要能力培养上，提高逻辑思维能力是难度最高的。换句话说，逻辑思维能力是一种预判事情、处理事情、进行决策的重要能力。如果逻辑思维混乱，即使考高分也无法将学习经验运用到实际工作中。

企业培训师除了培养学员之外，首先自己要拥有较强的逻辑思维能力。而逻辑思维能力的开发和提升是建立在提高注意力、记忆力、观察力、想象力的基础之上的，只有前四个实现了，逻辑思维能力才会有较大幅度的提升。

企业培训师作为一个知识传递员、灵魂培养者、想象力开发师，用一种全脑教育思维是非常科学而有意义的，只有开发并健全了学员们的大脑，才能从根本上提高他们的能动性和积极性，培训课才能收到切实有效的结果。

善用口才，做课堂上的“演说家”

不久前我听过某公司的一堂内部培训课，培训师的名字叫刘海鹏，他的口才堪比百家讲坛里的纪连海。他从头到尾穿插着各种段子，抖着各种包袱，不知道的还真以为他是职业说书的。他在上面讲课，学员们时不时地爆发出爽朗的笑声和雷鸣般的掌声。他的课完全是靠口才带动的，课堂气氛超级好。

当然他并不仅仅只是耍嘴皮子，而是将培训核心和重点完全融入每一个段子和包袱里，虽然滑稽搞笑，但是却如大夫切脉：稳准！学员们给他起来一个外号，叫“刘嘴皮子”！这个外号并不是讽刺他，而是对他的一种肯定。这让我想起曾经一位导师的话：“语言是承载一堂课的基础，而口才则是提升课堂精彩度的关键！”

许多企业培训师都曾经问过我一个问题：“如何才能让一堂课更加生动？”我给他们的答案是：善用口才！口才不仅仅是说话，而是要把说话进行艺术加工，使自己说的话显得幽默、智慧、驾轻就熟、Hold得住！

讲个故事，有一个口齿不清的老师，每一次上课之前都要漱漱口，漱口的目的是使自己的口齿显得好一点。尽管如此，他还是吐字不清。其中有一堂课，他教学生念：“鸡鸭鹅”，由于发音问题，他说成了“鸡阿我”。因为那些学生还都是孩子，并没有发觉这样念有什么不妥，于是他们也跟着“鸡阿我、鸡阿我”起来。

学生们回到家，向父母汇报学习成绩。当家长听到孩子说“鸡阿我”的时候大吃一惊，于是他问孩子：“这个‘鸡阿我’是谁教给你的？”孩子如实回答：“语文老师教的！”孩子家长非常生气，于是说：“我看你语文老师的发音是跟三岁孩子学得吧！”

事实上这样的笑话有很多。许多培训师不注重发音与口才，甚至有的连普通话都不标准，这类培训师上课的时候，由于发音和口才的问题，常常就会被学员当成一个笑话。记得某公司学员在上完一堂课的时候如此评价自己的培训师："什么都好，就是张嘴那一下不行！"不求每一个培训师都有超级的口才，但至少应该发音标准、口齿伶俐。倘若一个培训师结结巴巴、含糊其辞，学员们完全不知所云，那么培训课还有什么意义？

卡耐基曾经说过一句话：一个人的成功，15%是靠他的专业技能，85%是靠他的口才交际能力。拥有"三寸不烂之舌"是一个企业培训师必备的素质，而且也是提升个人魅力的一种表现。那么作为一名企业培训师，如何才能练出一副好口才呢？

口才是口与心的统一，心里想到什么，再通过嘴巴演绎出来。于是我们常常看到那些评书大师，他们口若悬河、滔滔不绝，而背后的真相是对"业务知识"的熟练掌握。比如单田芳先生评书说得好，关键在于单田芳先生对评书的熟知和理解，然后才能通过俏皮的语言展现出来。就如同一个人心中有山水，才能挥毫出山水佳作。一个培训师想要锻炼自己的口才，必须先要提升自己的业务素质，比如对课程的掌握，对某些专业的理解。

俗话说，熟读唐诗三百首，不会做诗也会吟！所谓的"吟"，其实就是一种口才上的升华。扎实的知识、一遍又一遍的重读朗诵，事实上这对提高口才有着极大的帮助。有记者曾经采访郭德纲，他也曾提到：台上十分钟，台下十年功。学相声是非常艰苦的，说学逗唱就是靠一遍又一遍的练习，直到炉火纯青才能登台表演。记得小时候老师曾教过一个有关口才的训练方法：面朝大海，含沙朗读！当然这种训练方法有些"行为艺术"的感觉，但是却能够让自己沉重的舌头变轻，让自己的呼吸变得畅快，让自己的嘴巴变得自如。

有一个企业培训师的口才是这样锻炼出来的，笔者在这里向大家推荐一下，也供众培训师们参考：

一、重复朗读

其实这种方式是最原始的，但也是最简单有效的方法。培训师们可以将自己课程的相关知识点当作重复朗读的对象，一遍又一遍的重复，直到形成一种脱口而出的“条件反射”。

二、速度朗读

这种方式就是在重复朗读的基础上提速，比如《中国好声音》开场白主持人华少的广告宣传语，在最短的时间内用最准确、最清晰的发音呈现出来。

三、即兴朗读

即兴朗读是锻炼应对能力的朗读，通过这种即兴朗读，控制自己的气息、掌握一定的节奏，然后用一种属于自己的方式朗诵出来。该企业培训师手里常备几本诗集，可以在日常休息的时候随机朗读。

四、对着镜子朗读

这种方法是为了让自己的口才与形象统一起来，同时还可以加入适当的肢体语言，丰富讲台上的“表演”。

五、身临其境讲故事

讲故事可以锻炼一个人的想象力和口头表达能力，做到“脑、心、口”的统一。对于企业培训师的“案例教学”来说，必须掌握超过100个以上的“精彩故事”，这是一种“一箭双雕”的锻炼方法。

六、互换角色的讲话

因为企业培训师常常要通过“角色互换”教学法进行课程培训，分饰多个角色进行自我锻炼是非常有意义的，比如模仿董事长的讲话、科长的讲话、学员的讲话。通过这种训练，培训师可以让自己有灵活机动的转变能力和适应能力，并且可以在授课中起到活跃气氛的效果。

七、多参加“口才”沙龙

这样的“口才”沙龙在城市中已经不少见，各行业中的“口才”佼佼者常常会聚在一起分享心得，并提供演讲台给大家进行口才展示。培训师们也可以参加这样的沙龙，多给自己找“上台”的机会进行临场表演。事实证明，演讲经验越丰富，口才也就会越好。

企业培训师虽然不是相声演员，也不可能打着竹板上讲台，但是郭德纲式的幽默、口才以及展现方式都值得去学习和思考。美国人眼里有“三宝”：口才、金钱、原子弹！由此可见，拥有好口才，走遍天下都不怕！拥有了好口才，企业培训师还担心台下的学员走神儿吗?

燃烧激情，做课堂上的“石光荣”

有人说，激情是人所迸发出的最宝贵的情感，这种情感犹如兴奋剂般使孱弱的人获得力量。青岛啤酒有这样一句广告语：激情成就梦想！激情确实是一种宝贵财富，很难想象没有激情的人生是多么的平淡乏味。或许有人持不同的意见，他们认为，激情是短暂虚假的，只有平平淡淡才是真！当然这种话是针对平凡的生活，而非工作状态。

有一个故事，徐丽蓉曾经在某公司从事企划工作，她的工作内容就是整理公司的各种报表。按理说，这种工作就是一份极其平凡的工作，与激情毫无瓜葛。同事们常常在她耳边吹风：“报表工作，只要你不犯错就可以了！”

徐丽蓉虽然是个文弱女生，但是她骨子里有一种“不安分”，她非常想要改进整理报表的方式，提高报表的效率和准确性！她报了一个电脑班，开始学习报表软件课程。此时同事们又开始劝她：“小徐，你学这个根本就是无用功，咱们公司不会使用这种先进的管理软件的，即使你会用，其他人也不会用！”徐丽蓉对他们说：“如果我不去学，恐怕这一辈子就只能做这一种报表！”

徐丽蓉用了三个月的时间，靠自己的“不安分”和一腔激情学会了新软件。令人没想到的是，徐丽蓉所在的公司不久之后竟然引入了这款新办公软件。老板得知徐丽蓉会这个软件，让她做起了培训师给所有的办公室人员进行培训。徐丽蓉凭借自己的激情实现了梦想，也获得了提升机会。

这仅仅是一个普通的职场故事，就像广袤大海中的一滴水，显不出惊奇之处。现实中许多人都是在平凡的岗位上工作，像石光荣那种充满激情燃烧的人生恐怕是许多公司老板无法接受的。但三尺讲台又极其不平凡，尤其是对于企业培训师这样的职业。培训师们一方面要讲好课，另一方面要培养出大量优秀学员，如果每天站在讲台上以同一种语速、用同一种口音授课，恐怕大多数学员都会感到厌倦、无聊。学员们从紧张的工作岗位上走进培训室，他们的要求并不仅仅是一堂课，而是一堂有气势的演讲、一台精彩纷呈的表演，甚至是可以汲取战斗力的“能量课”！因此，这就需要培训师要有激情，并通过自己的激情展现出自己的能力和魅力。

培训讲台上的激情是相互的，不仅需要培训师有激情，而且还需要培训师通过某些方式点燃学员们的学习激情。我们常常看到，在许多有关“成功学”的演讲课上，那些可怜的“演员”们常常要通过夸张的肢体动作和声嘶力竭的呼喊来时不时的带动下面鼓掌，有时候甚至声带沙哑、大汗淋漓。台下观众依旧不为所动，甚至只是把他当成一个演员、或者一个小丑！难道是他激情不够吗？还是台下的观众情商太低？当然都不是！这些所谓的“激情”表演，通常都不是自然流露出来的，而是刻意为之。一个好的企业培训师不要想方设法去做演员，而是要做到自然流露、倾其而出，即使你的“演技”很烂，也会得到台下学员的共鸣。

几年前我曾经旁听过一堂课，这堂课的培训师自从上台那一刻就展现出对讲台的热爱和尊重，对事业的热爱和尊重也是构成“激情”的重要部分。他对我说：“当我走上讲台那一刻，一种使命感、责任感就从内心迸发出来！”这种迸发就是激情。所以他的课气氛很好，而且非常有“力量”，学员们也能感受到他的热情与活力。在他的感召下，学员们也慢慢进入状态，从而构成了一幅完整且有感染力的画面。

做一个有激情的、如同石光荣那样的培训师，拥有激情的人往往才能在平凡的岗位上做出不平凡的事情。三尺讲台，说小也小，说大也大，关键看自己的光芒和能量。以笔者看来，做一个有激情的培训师，一定要做到以下几点：

一、有热爱才有激情

首先一个培训师要热爱自己的工作，视自己的工作为终身奋斗的事业。热爱是动力之源，是迸发激情的根本所在。假如你不热爱自己的岗位，恐怕三驾马车也无法使你运转起来。

其次要热爱自己的学员，培训师的工作也是因学员们而诞生的。没有听课的学员，也就无法成就优秀的企业培训师。培训师与学员的关系其实就是舟与水的关系，舟即培训师，水即学员。舟行在水上面，在这种关系下，只有舟在水中善行，才能顺利抵达彼岸。

二、讲课语言要充满激情

没有一个学员喜欢如蚊子一般低声细语的培训师，因为在这样的“靡靡之音”中不但学不到东西，而且还容易犯困。语言的激情，不是大声吆喝，更不是声嘶力竭，而是要铿锵有力、掷地有声！

记得我的一位语文老师，他的讲课就十分有激情！他朗诵课文，有一种“电视播音员”的感觉，当他朗读课文的时候，同学们都竖着耳朵认真听，而且是以一种非常期盼的态度去聆听。因为他的声音非常迷人，抑扬顿挫，时而如涓涓细流，时而又像滔滔波浪……这种充满激情的声音一直影响着我。

在我看来，优秀的培训师一定要避免那种平缓的、完全没有坡度、语调一致的培训，一定要结合教案、有节奏地展现自己的风采。只有轻重缓急、有高低之分，悦学员之耳，才能桃李天下。

三、善用手段激发学员的激情

培训师并非单纯的传播知识，有时候还要培养学员们的情感。学员们只有充满激情，才能学好习，进而更好地去工作。所以培训师有时候要采取一定的手段，在课堂之上充分调动学员的积极性。

1．通过做游戏活跃气氛。

2．制造话题进行分组讨论。

3．善用多媒体进行眼球刺激。

4．适当进行户外拓展训练。

培训师们可以在日常中发明创造出花样繁多的培训手段。只要能够激发出学生的兴趣，让他们拥有学习的热情和工作的激情，培训工作也就到位了。

做课堂上的石光荣，就是让自己的职业生涯在激情燃烧的岁月里发光发热。激情可以成就梦想，也可以成就优秀的企业培训师，成就优秀的学员，甚至成就整个公司……

海陆空多媒体教学

所有人都坐在一起，聚精会神地观看一部关于“安全生产”微电影，电影时长二十分钟。不知道的还以为这是一个案例分析会，事实上，微电影的放映员是一个企业培训师。如今，许多企业培训都联合多媒体进行教学，一方面顺应时代潮流，另一方面可以丰富教学方式，一改往日枯燥、单调的粉笔黑板式授课。

多媒体教学的出现对传统教学方式有一定的冲击，许多专家对此也褒贬不一。但是当我们静下心来重新审视，就会发现多媒体并非“娱乐属性”大于“使用价值”，它所承载的许多东西都是非常有意义的。比如多媒体技术可以使文字转化成图片、视频、动画、声音，而且它们之间还可以自由结合，形成一种更容易被人所接受的“电波”。

有科学家做过一个研究，人们对声音、画面的记忆要远远超过纯文字。这就是我们常常看到的，一个人常常能记住电视剧里的台词，却记不住老师要求背诵的课文。作为一名企业培训师，如果能够利用多媒体技术来充实课堂，必然会提高授课的传播力！现在常见的多媒体教学设备有幻灯机、投影仪、电脑、录像机、广播等，每一种设备都会给培训课带来不一样的呈现效果。

首先，多媒体教学设备可以提供更加丰富的图片、音频、动画等表现形式，比单纯的黑板白字更具感官刺激。

某企业培训师讲到“安全生产”，按照传统模式，他会拿起粉笔在黑板上写下这四个大字，然后围绕这四个字进行口头上的传输。讲台下的学员必须高度集中精力，将培训师所讲到的重点一笔一画地记录下来，而这个过程完全是机械性的。倘若某学员走神，跟不上做笔记就会显得很被动。客观来说，黑板上的四个字仅仅是字符而已，这样的字符很难在学员脑子里形成一种具体的形象或者概念，这就要求学员必须有着较强的判断能力和转化能力。

如果这堂课是采用多媒体教学，效果就会完全不同。“安全生产”四个大字完全被一个微电影或者各种图片所取代。当这些有工作经验的学员看到这些有形的图片或视频后，脑海里立马就会浮现出与之相关的画面，这就是多媒体带来的感官刺激。

感官刺激是一个综合性的生理体验，它要求人的眼睛、耳朵、嘴巴、肢体进行协同运作，从而形成一个较为完整的概念再存回到大脑中。这样的刺激往往比单纯利用单一感官要好得多。除此之外，感官刺激可以激发大脑皮层，使人处于一种兴奋状态！试想，如果一个人整天闷闷不乐、低头不语，他还有心思去听培训师枯燥而乏味的培训课吗？而有了这些刺激，这些平日里缺乏“激情”的人就很容易被调动起来，企业培训师借助多媒体平台也可以收到很好的培训效果。

其次，多媒体可以将“不可形容”的知识进行形象展示。

有许多企业培训师都向我诉过苦，他们说：“有许多知识点自己心里清楚，但是到了嘴边却无法形容，这非常影响自己的培训士气，而且也非常对不起台下的众多学员。”事实上，我也遇到过“话到嘴边却无法表达”的困惑！但是随着多媒体设备的出现，这个困惑就迎刃而解了。比如一个华丽的难以形容的故事，当它无法转化成与之相匹配的语言时，就完全可以用一个可见视频或者优美画面去代替。

某公司有个培训师是个flash迷，他也比较擅长动手做flash。因此，他利用业余时间，将许多培训课程做成了flash动画。

起初许多人认为这个培训师不务正业，甚至连公司老板都有换人的想法了。但是这位培训师向老板立了军令状："是骡子是马都要拉出来试一试！如果效果不好，我自己主动走人！"有了这句话，老板才让他在培训课上玩起了动画。

简直难以想象，当他在学员面前播放自己设计的flash动画时，学员们竟然笑得前仰后合，最后还报以热烈掌声！学员们对这种"创意"式的授课十分感兴趣，而且还从中学到了知识，尤其是培训的知识。后来还有学员私下里向这个年轻的培训师请教flash的制作教程，培训师应允他的条件是"考试成绩必须是优"。

其实这个培训师口头表达能力一般，如果单纯按照传统授课方式授课，就不会收获这样的效果。他利用多媒体、利用自己制作的flash扬长避短，将培训课发挥到了极致，可以说是一种智慧的表现。

还有一点，多媒体传播的信息量大，非传统黑板所能比拟！

传统黑板的承载量十分有限，除了简单写字和注释之外，并不能展现更多内容。有的培训师书法功底不好，字体难看，不但起不到美化讲堂的作用，有时候还适得其反。有一个学员这么评价自己的培训师："字迹就是一个人的形象，而我们的老师的笔迹简直就像小学生写的字！"许多笔迹一般的培训师常常遇到这样的尴尬，甚至担心学员们笑话而感到自卑，但是多媒体的出现完全可以让这些培训师们摆脱黑板，挺起腰杆。

除此之外，多媒体的传播信息量是非常大的，它不仅可以以文字、图表等形式进行展示，而且还可以通过音频、视频等形式展现出来，完全是一种"海陆空"三维立体的授课模式。多媒体的丰富色彩也是传统黑板无法比拟的，就如同彩色数码照相机取代传统的黑白照相机一样。培训师们可以利用多媒体的巨大优势展示出更好的课堂效果，从而让学员们有更多的学习动力。

多媒体的出现让培训师们又多了一种选择，而且可以更好、更快地传递培训知识。但是传统讲台的展示不能丢，因为“粉笔、黑板”依然是体现一名培训师能力的工具。想要成为一名优秀的企业培训师，应该兼顾传统与现代的培训教学方法，有的放矢，才能将课上好！

PPT课件与眼球效应

现在许多讲堂里，培训师或者其他老师常常利用PPT软件制作课件来进行授课。吸引眼球的彩色画面，整齐的插入表格，令人兴奋的模拟动画，无不令台下的学生感到新奇。原本只是一堂枯燥乏味的课，却被这些老师们变成了一场魔术幻灯片秀场。

不久之前我听了一堂某公司的内部培训课，培训师制作的PPT课件简直如同一部科幻大片。从头到尾，穿插着各种动画、各种铺垫和悬念，甚至还配上悦耳音乐，如同身临其境一般。通过学员们的眼神，可以看出他们对这位培训师的认可和佩服！PPT确实是一个优秀的功能强大的软件，更像是专门为培训师而生的。它使用方便，简单易学，画面感强，可以直抒胸臆，用一种图文结合的形式直接将授课内容展示给学员。用PPT制作的课件，比那些单调的、白加黑式的黑板粉笔模式要更加丰富，而且展示的内容更有条理，更利于学员进行记录。

孙军是某公司的内部培训师，他给学员讲了一堂关于团队精神的培训课。由于他善于制作PPT课件，所以他将课程完全融入课件里，用一个漂亮的课件把要授课的内容展现给大家。

他在PPT开篇的画面用了一张狼群的图片，十几只狼聚在森林中仰天长啸，非常有霸气。当学员们看到这群狼，再结合今天的课题，自然就会想到狼群的凝聚力和协同作战的精神。换句话说，这就是开篇点题！

在切过第一张画面之后，并没有立刻进入“团队精神”的课题，而是继续以狼群作为铺垫慢慢过渡……看上去倒更像是一节“生物课”。学员们并没有感觉到无聊，反而对这种打破常规的课程更加感兴趣了。不仅如此，孙军的课件还穿插着音乐，其中有齐秦演绎的经典之作《狼》！用一只独狼的“孤独”“无奈”继而引申到群狼的“团结”“战斗力”。事实上，许多人都对团队有所了解，只是对其内涵有着模棱两可的定义。

就在这个时候，孙军的课件变了，一下子过渡到文字。文字的出现使得学员们认识并理解了团队精神的具体含义，再结合之前的强烈画面，一个有着形状的抽象定义就被记录到大脑里。孙军正是靠PPT课件的优势呈现出一堂效果极佳、效率极高、传达极为精确的培训课。临下课之前，孙军还布置了几道选择题进行成果测试。这几个问题的答案其实早已经在课件中出现过，学员们都顺利通过了测试。学员们经过这样一堂别具匠心的课程学习，受益良多！

笔者认为，孙军利用PPT进行了一场完美演绎，而之所以取得这样的成功，有几个方面是必须要做到的：

其一，PPT 课件制作清晰美观，恰到好处

有人说，做一件事容易，做好一件事难。许多人都会制作PPT课件，只不过有的人做得好，有些人做得不好而已。举个例子，有一个人做了一个课件，看上去很漂亮，画面也很有质感，但却发现越到最后越觉得前后脱节，每一个画面的关联不强。许多培训师都会犯这样的错误，看上去很美，但是脉络却不清晰。怎么才能避免这样的问题呢?

其实做到这一点并不难，只需要在制作课件之前打一个“提纲”，按照“提纲”进行课件编排，如图片、图表、文字、声音、动画等。这就像是写作文一样，先明确一个主线。

还有一个PPT制作中常常犯的忌讳：画面太过于花哨！过于花哨与过于简单其实是一样的，太过花哨的东西容易让学员感到头疼，并且还会分散掉大部分的注意力。过于花哨的东西还会掩盖“重点”，让学员们不知所措。更重要的一点，过于花哨必然是主次不分的，这也会令学员们迷惑不解，甚至感到疲倦。所以培训师们制作课件时一定要把握好“度”，主次分明，错落有致，繁中见简，简中则明！只有这样，学员们才不会在课件中迷失方向！

其二，PPT 课件尽量减少大量文字的使用

PPT课件属于一种多媒体应用工具，在课堂上更多发挥的是它的呈现效力。所谓“呈现”，其实就是抓眼球。什么东西能够抓住眼球呢？图片、动画、漂亮的表格、特效字等。一个精美的PPT作品也离不开这几个方面，培训师们只要将这几点做好就可以了。笔者在此强调一点，课件的展现主要以图片和简明扼要的文字为主，切莫使用大量叙述性文字，这样只会起到反作用！

有一个培训师制作了一个几乎是纯文本的课件，这个课件简直就是一个Word文档！当他打开课件的时候，讲台下的小伙伴们都以一种奇怪的眼光看着大屏幕。

后排有几个学员低着头嘀咕："就这课件，还不如直接在黑板上写呢？"

"就是，黑压压一片，字还那么小，根本就看不清楚嘛！"

"如果这样，培训师还不如安排看书自学……"

学员们对此颇有成见，由此可见这种纯文本的课件简直LOW到家了！

所以培训师一定要注意文字的使用量，尽量结合图片、图表、动画等方式进行展现。如果非要用文字阐述，尽量使用放大效果的特效字！简明扼要，点到即可！

其三，善于制造悬念

许多优秀的PPT作品就像一场跌宕起伏的魔幻秀，之所以能够让学员们兴奋，是因为里面有非常好的铺垫和悬念。比如突如其来的一段音乐，从一侧跳出来的动画文字，弹窗而起的搞笑图片等。任何人都有一种猎奇心理，因为觉得奇怪才会拿出更多精力关注。

所以培训师们在制作课件时，不要采用"记流水账"的方式，而要"夹叙夹议"，制造悬念。制造悬念的目的也有两个：一个是继续吸引学员的注意力；另一个是留给学员想象空间。如果一个培训师能够制作出一个犹如悬疑电影大师库布里克式的作品，必然会闪耀整个培训界！

《PPT课件制作》是企业培训师的必修课，不管是课堂呈现、还是建立模具、开发游戏，都必须借助这个平台。每一名企业培训师都应该好好掌握这项技术，它不仅能够提高培训课的传播力，而且还能为你的讲台生涯增添一抹色彩！

Chapter 4

培训核心萃取力：掌握萃取大法

萃取：企业培训师的灵魂

“萃取”二字常常在化学实验中被提及，其目的是从一种混合溶剂中提取出某一种物质。萃取是一个学术名词，如果换成民间说法，就叫提炼！“去其糟粕，取其精华”就是一种提炼，一种萃取。

有人说，人的一生就是一个不断奋斗、不断提炼的过程。从青涩到成熟，从年少轻狂到沉淀下来的稳重，经验就是日复一日从苦难中所提炼出来的。人们靠萃取获得了经验，又通过经验收获成果。如今，许多公司也意识到萃取的重要性，积极谋划通过培训提炼经验并用于实践，所以也就有了企业培训师这样的角色！

一个成功的培训师，除了具备扎实的专业知识外，还必须具备萃取能力！萃取力直接决定培训师是否能够获取经验并根据经验开发相关课程。如果没有萃取能力，恐怕培训师的课只能是一场普通的个人演讲，无任何培训价值可言。既然萃取如此重要，那么萃取过程是怎样的呢？

一、确定萃取方向

不管做什么事情，首先要确定目标，做到“有的放矢”！萃取的方向有两个方面：一个方面是针对知识的萃取；另一个方面是针对经验的萃取。确定方向，萃取知识是为了形成一种共识和技能，萃取经验的目的是避免发生错误而形成一种成功的行为方式。

二、确定萃取主题

通常根据萃取的方向设定一个中心或主题思想，然后要为这个主题思想搭建骨架，如同确定建筑工程的图纸一样。这个萃取主题要同时符合一个原则：度量值！所谓“度量值”，就是要求这个主题可以有相关数据（时间、组织、产品特性、价格等）的支撑，并进行相关的分析和计算。除此之外，培训师还要对主题进行简要描述，为后续做准备。

三、确定萃取人选

确定了方向和主题，就需要选择相关的人参加相关知识和经验的萃取。通常情况下，每一个特定主题都需要不同的人参与萃取过程，比如经营、生产、环保、质量等，确定不同人物角色，是萃取的一个特色。与之相辅相成的是辅助追加萃取人物角色的阐述和相关职责说明。

四、确定受众

对于一名企业培训师而言，有一个非常重要的问题：这堂课讲给谁听？确定受众很重要，对待不同的学员要有不同的教学方式。

五、确定目标

人做任何事情都是有目的的，萃取更是如此。有目标的萃取就是一种问题解决方案。通过设定目标，通过萃取得出相关的经验和解决办法，只有这样才能形成一个完整的萃取过程。

明确了萃取的过程，企业培训师如何才能把自己的知识和能力转化成有价值的萃取过程呢?

第一步，把自己的学历变成自己的学力

许多培训师都有光鲜的求学背景，某某重点大学毕业，研究生学历等。不久之前，某公司招聘企业培训师，有一个年轻海归来应聘。这个年轻人认为这个工作简直是唾手可得，因为自己身上有许多别人没有的光环：留洋、著名的国际大学、硕士等。但是第一次见主考官，就被主考官的一个考题给难住了。

主考官说："给你二十分钟的时间，你来现场模拟一堂培训公开课吧！"

这位年轻人最初还认为诱人的学历才是一把利器，没想到这家公司却并不看重这些。因为没有讲台经验，他几乎尴尬了二十分钟，最后只能灰溜溜的离开了这家公司。

其实培训并不一定需要这些厉害的毕业证书，而是需要真材实料，或者你的教学经验。如果没有这方面的能力，又如何面对台下的学员呢？后来那家公司最终录取了一名有相关经验的女性。

想要把学历变成学力，并将其充分运用到实际培训教学里，培训师应该做到以下几点：

1、研究培训教学

如果一个连"教学"概念都不懂的人，怎么可以让他站上讲台呢？所以培训师的首要任务要深入研究并熟练掌握教学的基本方式。

2、积极参与教研

这需要培训师有持久的热情，而且主动参与相关的培训教研中。通过这种方式，培训师找到自己的培训方法，并施以整个培训体系中。

3. 努力积累知识

知识是通过博览群书或者相关培训积累下来的，知识掌握的越多，掌控课堂的能力也就越强。

第二步，将自己的学识变成培训经验

犹太人曾经有一句格言：没有经验，就可能没有多少智慧！言外之意，经验是智慧的表现形式。现今社会，更多的是徒有学识但无经验的人。我常常听到一些企业老板抱怨："上那么多学有什么用，还不如那些学历低但经验丰富的老同志！"当然这些老板并无"瞧不起"之意，因为任何人都要经历青涩、毫无经验、徒有其表的阶段。

培训经验是怎么获取的呢？最简单直接的方式就是日复一日、年复一年的上课，通过上课找出不足，然后通过一定的方法进行改进。比如课件做不好，就去努力学习课件技术；临场应变不够，那就多向临场经验好的培训师学习；不会建立模型，那就多参加相关的职业培训。随时间的积累，面包会有的，啤酒也会有的！

经验其实就是禁得起考验，越是不怕逆境、敢于迎难而上者反而会收获经验。一个培训师被学员的问题难住了，随后可能是一脸尴尬，觉得很没有面子！但是培训师没有权力去炒学员的鱿鱼，只能进行"恶补"！通过"恶补"，培训师就不会在同样的错误上再跌倒一次，也收获了宝贵经验。当你有了丰富的教学经验，完全可以自由掌控课堂了，那么就需要走第三步！

第三步，通过培训经验提取其他经验

有了足够的知识和培训经验，充其量只能上好课。要想在培训这条道路上走得更远，就需要从公司、学员以及其他环境中提取有利于提高培训的相关经验。比如通过游戏推演使相关问题逐渐清晰明朗，并从中提炼相关经验，从而得出结论。

萃取的最终指向并不仅是得出经验，更重要的是要建立培训模型。模型如同一个复杂系统的骨架，有了这个骨架，就可以逐渐完善培训系统！换句话说，培训师萃取的目的不是上好培训课，而是为建立最终体系奠定基础。

萃取是一个漫长而复杂的过程，它并不像实验室里萃取试剂那么简单，分享、讨论、总结都不等于萃取。企业培训师在时间线上慢慢成长，积累的经验越多，则越变得成熟、老练、拥有各种手段。只有这样，培训师才能提炼和萃取到相关的组织经验，才能建立模型，才能实现培训系统闭环！

萃取大法第一招：总结共性

一花一世界，一佛一如来。世界上有那么多缤纷斑斓的事物，但每一个事物却不同。于是达·芬奇画了数以万计的“鸡蛋”，这些鸡蛋虽然都是椭圆的，但是都有各自的特点。举个例子，这些鸡蛋或许来自不同的母鸡，不同的时辰，重量不同，颜色不同，甚至有的可以孵出小鸡，有的则因没有受精而无法被孵化。但是这些不同的鸡蛋也有相同之处，它们都是鸡蛋，都是鸡下的，都可以吃，而且在某些条件下可以孵化出小鸡。

所谓的“相同”与“不同”，有时候只是观察角度的问题。于是我们可以发现，个性之于共性，通常会在表面上形成一种矛盾，当它被重新放入到一个整体里，它却具有普遍性。或许这只是一个哲学辩证的范畴，但是共性是普遍存在的，是一种规律性的东西。对于那些正处于市场旋涡中的企业而言，寻找一种价值规律或者认知规律是非常有必要的。所以许多公司对此非常的重视，甚至不惜花费大量人力、物力去给员工组织培训，希望他们能够灵活驾驭工作中的各种状况。企业重视的同时，也需要企业培训师具有相应的能力去改善现状！与其上好一堂课，倒不如将萃取经验放在第一位！只有通过萃取，得到经验，才能在源头发力。

某能源公司在能源改革政策面前，没能做出及时调整适应，效益逐年下滑，甚至一度处于严重亏损状态。此时，公司内部人心惶惶，许多人担心自己的饭碗不保、下岗失业！在这种情况下，该公司并没有放松管理，而是培养了自己的企业培训师，打算通过以“培训”的方式将公司精神传递到员工的意识里，缓解思想危机！

负责公司培训的老师叫刘春蕾，她认为：“其实每一名员工的思想状态都不一样，年龄大的人担心下岗失业，养老金不保；年轻人则满不在乎，因为年轻，觉得去哪里都行！还有一种人，学历高能力强，本来就有跳槽的打算；那些完全靠力气吃饭的老员工，他们也很害怕自己下岗……”表面上看，想要给不同的人灌输同一种思想是非常困难的。但是刘春蕾却不这样看，她分析道：“表面看上去是这样，但实际上没有人愿意离开公司，因为离开之后意味着种种不确定性！”作为一名企业培训师，刘春蕾的一个重要任务就是先找出学员们的共性，再通过这个共性汲取经验，然后再进一步制订培训方案。

刘春蕾是一个善于归纳总结的人，她一边授课，一边进行整理归纳。后来她发现，大多数学员都在担心一件事：万一公司破产了怎么办？其实这样的担心刘春蕾也曾经有过，但是作为个人是无力扭转现状的。于是她在培训课上提到最多的两个字：团队！众人拾柴火焰高，众人划桨开大船！团队就是克服困难，摆脱现状的最好办法。另外她在课堂上还常常谈及另外两个字：忠诚！忠诚+团队=力量！虽然这都是老生常谈的话题，甚至许多人都已经听腻了，但是这样的“精神灌输”对于绝大多数人是奏效的！于是我们发现，找出并总结出普遍共性，才能够通过培训集中解决问题。

对于一名企业培训师来说，想要“萃取”到有价值的东西，就必须分三个步骤：找出共性，归纳共性，总结共性！

一、找出共性

万事开头难，尤其对于年轻的培训师而言，在缺少资源的情况下只能亲自采取行动。每一个学员都是一个单独的个体，也就是说找“个性”容易，找“共性”难。马克思的唯物主义辩证法这样写道：“从个性中看到共性，从相对中找到绝对，从暂时中发现永恒！”事实上，马克思的这句话就给培训师们提供了一个方法：观察！培训师在日常培训中要多注意观察，通过观察每一名学员的变化，比如性格、脾气、做事方法、思想动态、价值观等，就能够发现个体与个体之间的差异和关联。

每一个学员在性格、年龄、价值观、岗位等的不同造就了不同的工作方式，但是相同之处也很明显：都是公司的员工、都要遵守岗位纪律、晋升规则一样、处理事情的方式方法都要符合客观规律。还有更重要的一点，学员工作的目的都是为了赚钱，为了养家糊口，为了光耀门楣等！如果细心观察，培训师还会发现更多共性，这些共性就是普遍存在的规律。

二、归纳共性

归纳是一种方法，更是一种整理。善于归纳的人总能理清头绪，并把事情整理的井井有条。那些善于萃取的人，一定会把萃取出来的“物质”进行逐一归类！所以说，养成好的归纳习惯对企业培训师而言非常重要！

企业培训师花费了很多心思，终于从茫茫世界中找出一点头绪，紧接着就应该按照这个头绪一点一点往下捋，捋出来的就把它摆放整齐，全部捋出来之后，再进行分门别类！一方面不容易混淆，另一方面则方便进行总结。因为归纳具有明显的目的性和选择性，所以需要培训师掌握这种方法。

三、总结共性

如果共性已经找出并进行了归纳，总结也就变成了一件水到渠成的事情了！当然总结共性也需要培训师们掌握一定的方式和方法，笔者介绍两种常见的总结方法：

1. 归纳推演法：在归纳梳理完之后，然后再进行正反两面的“推演”，如果正反两面的“路”是相通的，那么就可以得出结论。如果正反两面的“路”是堵塞的，就应该重新归纳、推倒重来！

2. 假设法：这种方法是在归纳得出结论的前提下，设定一个“悬念”，也就是假如出现什么问题，这个规律是否会发生变化……假设法往往使得出的共性更具备参考性，因为它会给培训师一个准备的时间从而应付各种变化。

总结共性的方式方法不止一种，培训师可以在日常工作中按照自己的方式进行！过程很磨人，结果最重要！企业培训师们只要能够找出并总结出事物发展的规律，那么下面的培训就更容易开展了。

萃取大法第二招：发现差异

常言道，求同存异！世界上没有一样相同的事物，只有相同的规律，在相同的规律下，个体的存在也是合理的。在相同的规律下，每一个物体或事件都会展现出自己独特的魅力。比如一堂培训课，讲台下的每一个学员都有差异，如年龄、性格、学历、家庭背景、收入、职位、适应能力等。

笔者认识一位培训师，他一度感到十分迷茫，他曾对我说："共性其实并不难找，关键在于那些个体！有些个体如同一枚定时炸弹，如果处理不好，恐怕会满盘皆输！"

"真有那么玄乎？"我继续套他的话。

他解释道："比方说，有的学员影响力挺大的，这种影响力也算不上声望，但是他的一言一行可以影响到一群人。如果培训对他起不到作用，恐怕我的培训课就白上了！"

其实这种事在企业内训中是很常见的，这种个体也叫"刺头"，"刺头"总会想尽一切办法让你丢面子、让你尴尬下不来台面。你无法感染他，其实只能说明你对"刺头"还不够了解，甚至还无法应对这种差异性局面。后来我给他出了一个主意，与其正面碰撞，倒不如先做一名间课，靠近他，摸清他的底细，然后再找办法应对，所谓“知已知彼，百战百胜”就是这个道理。

当然这里指的“差异”并不仅仅特指学员，而是在规律之下存在的所有不同。比如一个人得了癌症，癌症是一种大的疾病统称，而且这个病是一种“绝症”，但是癌症又有许多类型，比如肝癌、肺癌、胰腺癌等，甚至肺癌又分化出许多种，每一种在每一个阶段都会呈现出不同的特点，有的无法治疗，有的还可以进行治疗，甚至可以治愈……这就是共性与个性的关联。当你找出这些差异，就能更好的进行辩证，进而找出解决问题的办法。培训师也是如此，学员的不同，教学方法的差异也会导致各种问题的出现。能够找出差异，辩证教学，才可以做到因材施教，甚至建立一种有弹性的“模型”！

某公司准备转型，转型过程中必然要有非常大的人员调整。许多员工听到这事以后，大多表现出一种恐慌。没过多久，一些流言蜚语便从车间、办公室流传开来。有人说，军心不稳是起义失败的伏笔！许多公司都出现过这种情况，企业还没有完全转型，人才却流失殆尽。

解决问题的最好办法就是抓源头，但是源头从哪里开始，怎么抓又是一个问题。所以我们最常见的解决问题的办法就是“会议疗法”！老总们组织全体员工开大会，会议上除了喊喊口号，就是安抚式的官话，结果会议结束后还是乱成一锅粥。但是这家公司的做法很有趣，将这事交给了培训师，希望培训师通过培训来解决这个问题。

这个培训师并没有着急开课，而是去各个岗位转悠。在他看来，开课之前他必须熟悉一遍自己的学员。这个熟悉并不是简单地了解这个人的名字、工作范畴，而是了解的相当细致。为此，他建立了一个学员档案，这个档案包括学员的性格、爱好、工作习惯等。通过这些档案，他不仅能找到相同点，还能发现更加细微的差异。

举个例子，他发现公司某销售部“个人打个人算盘”的现象很严重，彼此各扫门前雪，各自围着自己的利益。后来他更加深入地了解这一原因，发现销售部的一些管理方法是导致这种“吃独食”的现象的根源。共性找到了，而差异性在于每一个人的销售方式不同，有的善于跑市场，有的善于通过网络联络客户。归根结底，个体的差异以及部门的组织协调出现偏差，从而引发了矛盾。于是培训师将这一差异进行了归纳总结，从而形成了自己的方案。他将这个方案整理到自己的培训课程里，通过培训改变人与人之间的微妙关系，并将其重新拧在一起，重新组合成一个利益共同体。

这个培训师的做法无疑是正确的，从共性中找出个性，然后分析个性，从而萃取出经验。这个经验可以是培训经验，也可以是管理经验。

从另一个方面来说，找出差异，也就意味着可以实现“差异化”“个性化”培训！这种个性化培训方式是当下相当流行的一种培训方式，一方面可以因材施教，另一方面则有助于解决某些个别问题。开篇时，笔者所提到的“刺头”其实就是一个“差异化”代表，如果处理不好这个“差异”，就会影响到全局。培训师找到这个差异，用一些个性化方式将“雷”挖出，有助于排除隐患。而用一些常规方式处理，有时候不但不会排除危险，而且还会引发“雷”爆！

所以这就要求企业培训师除了掌握共性、总结共性之外，还应该更细致地找出差异，分析差异，细化差异，从而建立个性化培训模型。就像哲人所言：自然界的所有差异，换来了整个自然界的平衡！

萃取大法第三招：挖出本质

“透过现象看本质”不仅是哲学上的辩证法，而且也是一种处理事情的手法。本质往往通过现象表现出来，但有些表象却不一定能呈现出本质。这就需要人们根据自己的观察、经验去判断，挖出本质也就是找出事实真相，找到源头。以培训来说，培训的目的是提高员工的素质进而增强企业的竞争力。为此，首先要找到“源头”，挖出本质，才能从中萃取到成功的培训经验。

> 某公司开展企业内部培训活动，其活动的最终目的在于提高员工的工作热情。公司之所以要这么做，是因为许多员工人浮于事、工作态度消极，这一切是可以通过表象看得出来的！那么负责培训的培训师，该如何去做呢？

这位培训师进行了相关调查，这些调查是围绕着“提高员工积极性”来进行的。

他先是去了生产一线车间，与许多生产一线员工进行接触。他看到一名正在休息的员工，便与他交谈起来：“老师傅，你怎么停下来了？”

“这个工作车间太热了，如果一直干下去，很容易中暑！”这位员工从抽屉里拿出一个温度计，温度计显示40度。这个温度显然已经超出人体的正常体温，在高温下进行生产作业确实很容易疲劳，或者出问题。但是培训师同时也发现车间里是备有紧急治疗高温中暑的药物以及降温饮料的。

于是培训师继续询问："我看到旁边也有降温的饮料，是不是消暑作用不明显还是另有其他原因？"

这位员工终于说出实话："我告诉你吧，高温还是次要的，关键是我们这些老员工从未感受到老板对我们这些基层员工的诚意！"

培训师将此事整理记录下来，然后又去了采购部门。

按理说，采购部门算是企业里的"肥差"，许多人都看着眼馋，为什么这样的部门也存在"工作不积极"的现象呢？

经过多次接触和交流谈心后，培训师得知此公司采购的物品大多是危化品，这一类危化品管控很严格，采购员还需要肩负一定的安全责任。于是这种衍生下的责任使得许多采购员感到不理解，他们认为相关安全责任问题应该由公司安全员负责，而他们不应该承担这样的责任。说白了，影响工作积极性的根本原因在于"责任分配问题"！

在进行了为期两周的调查之后，培训师有了初步的了解，但是只有这些印象是不行的，因为他看到的并不是本质，而仅仅是一种表象。所以他开始第二步：对现象进行归纳演绎。

实际上，归纳和演绎是同步进行的，所以我们常常把归纳演绎看做辩证推理的前因和后果。通过归纳，可以"演绎"出人们所挖掘的东西。比如达尔文的进化论，就是采用了大量的案例归纳并演绎论证得出的结论。

归纳和演绎需要大量的"临床数据"，就像一个大夫通常要观察数以百计的病人才能得出一个靠谱的临床结果。然后再根据这样的结果，进行总结，找出辩证治疗的方案。培训师也是如此，如果手头上已经有了许多资料，就应该采用归纳的手法将其归类、演绎、二次辩证。虽然这个过程十分烦琐，但却十分有效，十有八九可以找出本源。

这名培训师将每一个部门所出现的问题进行分类归纳，然后采用马克思主义辩证法去进行推演、查找。在这里补充一下马克思主义辩证法，这个方法就是我们常说的唯物主义辩证法，通常进行三步推演，即对立与统一、质量互变、否定之否定。经过进行大量的举证，并与普遍性、多样性和客观性相结合，就能够找出本质。当然这需要培训师进行大量的阅读与训练，同时也锻炼培训师的个人能力。

他用了几周时间将之前记录的各种现象完全归整了一遍，然后发现了这样几个问题：

1. 学员个人问题：包括心理素质、学习背景、竞争意识、价值观、职场需求以及个人诉求。

2. 部门问题：管理水平、目标计划、薪资、劳动纪律、竞争机制等。

问题非常多，非常杂，甚至有的很难建立有效的改进模型！事实上一个人也不可能面面俱到，只要竭尽全力、精益求精就可以了。这个培训师将这些问题进行逐一归纳、推演，每一个问题都有一个小结，然后再将这些小结进行整理，从而得出一个大结论，这个大结论其实已经是本质或者接近事实真相！只不过还需要培训师多“复核”几遍，从而挖出真正的本质！

说到本质，其实人的本质就是自私！自私又包括两点：想得到和怕失去！事实上，那些失去能动性的学员们也是存在这样的问题：其一，通过努力但无法得到，从而失去了动力；其二，做得少担心被人说懒，做得多又担心被人说出风头。当一名学员失去了动力，一定是由多方面导致的，但是本质却只有一个。培训师们只需抓住本质，就能从中萃取到经验。

有人说，能够抓住本质的人是天才！对于企业培训师而言，本质直接决定能否建立培训模型，能否制订好培训计划。如果你不知道本质是什么，就如同一个不懂爱情的人去经营自己的婚姻，必然会以悲剧收场！

萃取大法第四招：建立模型

有一个全球访谈栏目，主持人采访某跨国公司的老总："你认为一个公司想要长期屹立不倒，最大的秘诀是什么？"恐怕在提问之前，主持人心中早就有了几个答案，比如诚信、会融资、产品竞争力强等。但是老总的回答让主持人不知所措，他的回答是："要有一个人才培训装置，这个装置一旦启动，就会涌现出源源不断的人才！"听上去似乎有一点可笑，难道流水线还能培养出顶尖人才吗？

如果笔者不进行特别说明，恐怕许多人都会认为培训也是那种类似于中小学的"填鸭式"教育，如同流水线一样，一批进另一批出，最终的结果是所有的学生都具有相同的特点。事实上，培训与中小学教育完全不同，甚至是天壤之别！培训着重于精神力、职业能力的提升，而非语文数学考100分。许多国家的元首为了应对各种突发状况，也会聘请私人教练进行学习提升，甚至连美国总统奥巴马都有私人健身教练……说到底还是应验了古人的一句话，活到老就要学到老！

"老骥伏枥，志在千里"并不是打肿脸充胖子，而是一种精气神儿，一种不服输的面貌！还有一句话是"人老心不老"！有些话是有正能量的，有一些话或许要正反两面看。当笔者看到那些病殃殃、不思进取、好逸恶劳，但却占据着大量资源的年轻人，就有一种失望感。因此对于那些正准备“扬帆远航”的企业培训师而言，就需要建立一种模型改变当前的局面。

其实培训师的终极任务就是建立模型，萃取经验的目的也是如此。想要在一个“荒地”上拔根而起是非常不容易的，这需要培训师们像那些城市建筑者那样，先要挖槽，然后打地基、一层一层地往上盖，直到封顶，交付使用。

第一步，准备工作

如果本章前三篇已经掌握，建立模型的准备工作就可以进行了！我们也可以给它起个势：根据本质引出培训课题。

培训的目的就是给学员们找一个人生导师，这个“导师”可以是培训师，也可以是另外一个人，甚至还可以是自己。学员们通过培训师的引导可以认识到导师的重要意义。那么导师可以起到怎样的作用呢？一方面可以提升自己的能力，更关键的则是提高一个人的能动性！

准备工作的目的很简单，就是让学员们认识到培训是有意义的，经过培训可以找到自己的人生导师！如果培训师们的宣传工作到位了，就可以继续下面的工作。

第二步，用模拟法进行推演

对于从事设计生产工作的人而言，这种方法是十分受用的。任何一个发明，在进入批量生产之前，都需要进行大量的模拟、推演实验。只有当这个发明可以完全适应各种环境的情况下，才能进行下一步的生产。企业培训师也需要做这样的工作！如果你不进行“模拟推演”，恐怕很难应对复杂多变的培训环境。

举个例子，有一个人准备出海打鱼，为了打鱼，他必须造一艘船。但是摆在他面前的还有几个问题：

1. 船要造多大?

2. 海上的风浪有多高?

3. 船可以装多少渔获?

4. 船一旦被风浪击沉该如何逃生?

因此他就必须用模拟的方式对这些问题一一推演、解答!

船需要造多大才能抗击多么大的风浪？这是一个等量和变量的概念，这就需要他制造出一艘模拟的船在可控的环境下进行多方面测试。这样的测试是需要时间和耐心的，同样也需要经过精确的计算。经过一段时间的模拟，他终于找到了造船的数据，然后再根据这个数据就可以造出出海的船只。

船应该装多少渔获呢? 当船完全可造的时候，这样的问题已经不是问题了。他可以让自己的鱼舱大一些，也可以让鱼舱有其他功能，比如速冻，他还可以让鱼舱变成可以提供氧气的养鱼装置。

船一旦被风浪击沉该如何逃生? 解决这样的问题，只需要在船上配备一个救生艇就可以了!

企业培训师就像这个造船出海的人一样，在造船出海之前就必须解决一系列问题。更重要的是模拟推演可以让培训师拥有一个相对固定、成系统的模式，这样的模式很容易让学员成长、成熟。

第三步，设计模型

设计模型就如同给一栋楼设计出图纸，有了这个图纸就可以动工建设。培训模型有许多种类，有传统型、现代型、树型、塔型等。对培训师而言，掌握设计模型的方法是最关键的。通常情况下，模型的设计方法有以下步骤：

1. 分析需求：所谓需求就是一个公司在哪一方面有更多的意愿，比如通过培训加强团队精神；比如培养员工的正能量等。了解了公司的侧重点和需求方向后，即可以再着手进行下一步。

2. 预期评估：任何一个模型的建立，都应该有评估机制。只有经过细致评估，才能对后期有一个预判。

3. 进行测试：简言之就是在“模型”上市前进行“出厂”前的测试。这一点非常重要，也是建立模型的关键。如果没有进行测试就草草上市，恐怕会带来许多不可控的后果。

4. 筹建模型：万事俱备，只欠东风。到了这一步就需要培训师放开手脚大干一场了！切莫畏首畏尾、不敢前行，因为只有有胆量的人才能够成功。

模型就像培训装置的“骨架”，没有这个“骨架”，培训师的后期工作就无法运行。因此，培训师要在日常工作中迎难而上，敢于发现问题、解决问题，只有这样才能从中萃取到经验，建立培训模型！

Chapter 5

培训核心萃取力：岗位经验萃取

企业部门搜集“情报”

美国人常说一句话：要人们更多地参与决策，就需要大量的信息反馈。这句话对企业培训师同样受用！那些能够掌握大量信息的人，才能知道自己身处的环境到底如何？与怎样的人打怎样的交道？到底会给什么样的人上课？也就是中国人常说的：知己知彼，百战百胜！

情报并非是贬义的，而是一种特定信息。这种特定信息往往承载着一些学员的特点，而且也是一种有用的知识。米哈伊洛夫认为情报是一种可以传递、储存、转换的知识。掌握了这种知识的人，在行动过程中就能够占据主导地位。培训本身就是以培训师为主体，学员为客体的行为交互过程。如果一个培训师想要完全处于主导地位，在培训期间就应该做好企业各部门的情报收集工作。要知道做一名“培训间谍”并不是一件可耻的事情。

小周是某公司的培训师，他曾经化身“间谍”到许多科室收集情报，在他看来，他搜集的不是情报，而是采集一些对培训有利的信息。有一次，他来到销售部采集信息。他发现许多员工的桌子上都摆放着一台私人笔记本电脑。这让他有些出乎意料，为了弄清里面的原因，他约其中一名销售员进行谈话。

小周好奇地问：“我发现你们人手一台笔记本电脑，据说都是自己拿来的，为什么不向公司申请配电脑呢？”

"申请过，但是公司领导担心下面员工上班玩游戏，所以不给配啊！"

"你们自己带笔记本，不还是可以玩游戏吗？"小周继续探底。这位员工继续解释道："事实上领导并不在乎销售人员上班时在做什么，只是在乎最后的业绩！业绩好，什么都好，业绩不好，什么都不行！实话说，大家带笔记本电脑虽然也会玩玩游戏，但是大多数也会查找一些有用的市场数据。"

通过这次情报调查，小周发现该部门人员在办公室管理方面存在一定的问题，这些问题完全可以通过相关培训进行改善。于是他又向销售部部长要了一份资料，包括员工资料、销售任务分解计划和组织纪律文件等，打算从相关情报中萃取到培训经验，并应用到后面的培训教学中。不久之后，他的销售人员内部培训课开讲了。这个时候，那些人才知道小周是公司新聘任的企业培训师。

小周的销售培训课非常成功，一方面让学员们认识到自我管理的重要性，而且还借机培训了一些相关电子商务的知识，让学员们好好利用互联网，把自己的能量发挥到最大。不久之后销售部申请了新电脑，人手一台，但是上网、玩游戏可以受到信息中心的监控。小周的一堂培训课为销售部解决了两个问题，深受公司和部门的好评！

情报信息的采集是考验一名企业培训师的重要课题，想要搜集到对自己有利的情报，培训师们应该掌握以下几个要点：

一、设定搜集情报纲要

这是一个准备工作，就是针对所采集信息的范围、目的进行一个大体归类。比如收集情报的目的、针对方向、哪些人群以及所需要的文件、档案等，有了这样一个概要表格，就可以按照步骤去搜集整理资料了。以销售部为例，销售部以产品销售为主，有用的情报几乎都是围绕着销售而来的，比如销售计划表、销售人员的任务计划、销售产品种类、潜在市场、销售方案、销售渠道拓展等方面，其次才是人的管理问题，比如组织纪律、销售人员管理方案、请销假制度、奖金发放方案等。企业培训师就是要按照这种依据去搜集相关信息。

当然有的情报有用，有的则完全没有用，获取有用的情报才是培训师应该干的！所以这就需要培训师按照科学依据掌握一定的搜集技巧，然后再将各种情报分门别类、进行归纳。

二、掌握搜集情报的技巧

某培训师列好了计划表：哪一天去哪个部门？哪一天去约谈哪些部门领导或者部门员工？哪一天需要去做什么？他提前把“行程”安排妥当，然后就要亲身动身去搜集了！但是做“间谍”就要有个“间谍”的样子，不能见了面就敞开嗓门问他人要资料。

有个故事，一个培训师为了了解一件事，去就某部门找领导谈话。这个培训师口无遮拦，直接就说：“领导，我是培训师，我需要一个资料，你安排人整理一下，整理好了给我送过来吧！”领导见培训师一副趾高气昂的样子，便说：“这样吧，你先写个申请书，然后去找董事长、常务副总、你的分管领导签上字，签好了我就让人给你整理！”此时这个培训师涨红了脸，场面十分尴尬。

培训师想要做好情报员的工作，除了要有耐心，更需要具备三个条件：

1. 做事低调、不要趾高气昂，要好好说话。

2. 学会旁敲侧击，开门见山式的约谈方法会造成场面上的尴尬。

3. 善于搜集有价值的各种报表、内部公文，从中找到有价值的信息。

三、将情报归纳起来

归纳情报是整个过程中最重要的一步，也是培训师能力的一种体现。情报有很多种类，所以要一一细分。

有一些情报是刊物、公文、报表，针对这一类，可以用一个档案夹进行存档。有的情报是约谈对话，这就需要培训师抽出时间用笔记的形式进行整理，并做小结。有的情报是电子文档性质的，这种就需要用U盘进行保存，并归档。

情报整理结束后，培训师就可以从中萃取相关经验了！笔者在此提醒一下：培训师们一定要对情报进行严格保密，有的情报可能涉及商业机密，千万要谨慎处理。

重点岗位得到“信息”

一个公司如同一个完整的人体，有五脏六腑，也有骨架皮肤。这些器官里有的非常重要，有的仅仅是辅助作用。但作为一个闭合的系统而言，都是缺一不可的，只不过有时候人们还是会把更多目光放在一个重要器官上，比如决定生死的心脏、肝脏等脏器。一个公司同样也有重点岗位和辅助岗位，重点岗位有财务、生产、销售、人力资源等，辅助岗位有安全、保卫、现场管理、化验等。有时候培训师也要针对“主次”进行调整，尤其在某些重要岗位上可以萃取到更加重要、宝贵的经验。

在国家环保政策出台后，某化工企业成立了一个环保技术部门专门负责治理废气排放，这个部门也就成为整个公司的最核心部门。因为“环保”决定这公司未来的发展，于是该公司的培训师打算从这个部门着手。

这个培训师叫小吴，他非常清楚公司赋予他的使命，而他也想通过自己的努力帮助公司培养一批环保人才！要想抓住重点，他就必须要亲自了解环保，并且要与环保部的员工保持长时间的联系和沟通。最初，他制订了一个计划，但这个计划看上去有些不可思议，他向公司老总打申请报告，临时调到环保部从事档案整理工作。公司老总明白他的意思，于是便下了临时借调令。

到了环保部，小吴迅速与领导同事打成了一片。他不仅虚心学习各种环保知识，而且通过整理各种档案文件搜集到了许多宝贵的信息。这些信息几乎都是围绕着“环保”“排污”等话题，同时他还通过自己的“潜伏身份”了解到更多环保部的人员结构、相互关系、工作特点等，甚至连每个员工的星座、血型都掌握的门儿清。小吴在环保部“潜伏”了三个月，几乎学到了所有该学的东西……这时候，他认为自己该收网了！

回到自己的岗位后，小吴就开始制订一系列的培训计划，他的这个计划完全可供培训师们参考：

第一步，整理“潜伏”资料

这个资料又分为三部分，每一部分都是紧密相关的。

第一部分：环保课题

小吴认为，公司的重点在于环保，环保就是公司的新的生命线。于是他把自己所学、所经历的有关环保的知识要点、动态、工艺、管理等分门别类，进行了认真归纳和整理。他不但掌握了这些知识，而且还摸索出许多经验。培训师们也可以按照小吴的方式进行处理，这一阶段相当于“工欲善其事，必先利其器”阶段！

第二部分：人员管理课题

在小吴“潜伏”的那段时间，他几乎掌握了所有人员的信息，有的学习能力强，有的善于沟通交际，有的则是典型的技术宅，还有一种属于夹心饼的类型。当然他整理的不仅仅是人员档案，而是一个类似于“人员说明书”的东西。当你打开笔记本，这些人就会立马跃然纸上。当然这并不是变魔术，而是一种整理方式。有了这样一本“说明书”，完全可以实行培训中的个性化教学。

第三部分：整理最新的环保动态

培训的目的是培养人才，但是有一个前提：结合现状！所以最新的环保动态就显得十分重要！小吴在“潜伏”期间整理了许多公司和外面传来的环保文件，文件上大都是国家发布的相关信息。于是他将这些动态信息进行汇总，并建了一个时间轴曲线，以便找出规律，为以后建立培训模型提供参考。

第二步，从资料中提炼“黄金”

所谓提炼“黄金”，就是把资料里最重要的东西摘出来，这一点有点像语文考试题里面的总结重点。厚厚的一打资料，不可能全部都是重要的，这就需要培训师有足够的耐心和相应的提炼能力。

小吴为了提炼“黄金”耗费了巨大精力，因为那些资料似乎看上去全部都是重点、要点，甚至都是干货，早已经没有水分。但如果全部用来建立“模型”，培训课三年也讲不完。所以只能从重点里面挑重点，从要点里面提炼要点。他采用的是一种“关键词”压缩法，就是把许多相关的内容压缩成一句话或者一个片段，然后用一种自己的语言进行重新概括。这种“压缩饼干”式的提炼方法非常奏效，小吴很快就从里面提炼到了“黄金”！这个“黄金”就是经验，就是小吴下面所用到的。

第三步，将“黄金”导入模型

培训师去“潜伏”的真正目的就是建立模型进行授课。“黄金”有了，就差模型了。培训模型有许多种类，而且并不是固定的，完全可以根据培训师的意图进行更换，甚至可以原创新模型。将经验导入模型，就好比给一个机器通了电源。模型顺利运作，培训师的课也就可以开始了。小吴选择了一种与“环保”培训相关的模型：认知模型！

重要岗位通常是一个企业生死存亡的按钮，如果这个按钮好用，企业就会运行良好；如果这个按钮不好用，企业就会遭遇风浪。有时候企业培训师要审时度势，根据公司的实际情况安排培训课程，有计划有侧重地进行培训，才会起到更积极的效果。

特殊部门捕捉“风声”

俗话说，特殊事情特殊对待！所谓的“特殊”事情，其实就是与普通事物表象完全相反的一类。这一类事情虽然不具备典型性，但正如他人所说，特殊状况如果控制不好，就会有突发意外的可能！或许笔者有些危言耸听了，但是确实发生过这样一件事。

> 某化工公司非常重视节能环保，把节能环保当成重点。除此之外，他们还严格把控产品质量关，拓展销售渠道，公司效益一直不错。公司老总眼界也算是比较宽，早早就成立了自己的内部培训机构，由培训师专门负责重点岗位的培训。
>
> 重视重点并没有错，而且这几年确实起到了效果，而对于其他辅助单位，进行一定的精神传达就足够了。但是不久之前该公司发生了一次重大事故，造成这个事故的原因竟然是由管道老化导致废气的泄漏引发的。
>
> 过去我们常常说，千里之堤，毁于蚁穴！一个看似不起眼的部门，倘若在工作上出现偏差也是致命的。对于这个化工公司而言，管道维护部门算是一个特殊部门，也算是一个相对不被重视的部门。每年只一次大的检修维护也让这家公司安全运转了十多年，从未出过问题。正因为如此，一些小的或者引不起警觉的问题被忽略了。
>
> 管道泄漏引发的爆炸最终致人员死亡，重大的责任事故连带责任

人被相关机关控制，这个化工公司直接损失超过2000万元。事故发生之后，该公司一直没有恢复生产，处于半倒闭状态。曾经重视的环保标语和严把产品质量关的海报也纷纷被“防微杜渐、警惕泄露”等安全标语所取代。当然这个事件只是特例，只是在此说明企业培训师需要做的工作还有很多，并不能总盯着那些领导重视的部分而忽略领导不常提及的特殊部分。

有个资深企业培训师在分享自己的经验时强调：“越是特殊的东西越具备代表性，因为常规的、普世的东西人人都会重视，都会重视也就不会发生意外！”这句话很耐人寻味，事实上，那些公司的特殊岗位，往往因为“特殊”或者“与众不同”而显得更加重要。

有一名企业培训师刘清，他曾经为公司的特殊部门专门设计了一套别开生面的培训，笔者给读者朋友分享一下：

刘清所在的物流公司，主要从事的业务是汽车物流运输，但他设计的培训课并不是与物流有关，而是与司机的素质形象有关。在他看来，公司的纪律部门形同虚设，似乎对司机的日常表现并不在意。但是他长期跟踪发现，许多司机去外地配货常常因为与人口角而丢单，而丢单就意味着车辆空跑，效益流失。所以他打算从这个“特殊部门”入手，进行一个“特殊”培训。

开课之前，刘清必须先要将所有司机“丢单”的事情进行归纳、理顺，再从中找出问题所在。

他来到公司业务部找到一些案例，这些案例大概分为三类：

第一类：交流过程中出现障碍

这类司机通常性格比较内向，不善言辞和交流，在与对方对话中常常因为语言表达问题发生争执。

第二类：情绪控制出现问题

这类司机性格比较火爆，说话直来直去，如果遇到性格相似的人可能会比较好办事；如果遇到性格脾气不同的人，就可能引起脾气失控。

第三类：语言表达不够艺术

这类司机属于不会“说话”的那一种，因为词不达意、或者表述不准确容易引起对方误会。

除此之外，刘清还去了货运部门进行了解，发现司机与货运部的业务员也存在一些问题。司机常常接到货运部的业务员的电话，被要求去某个地方配货。司机到了配货地点之后，向业务员反映情况，但是许多业务员存在“处理不及时”的状况！于是他通过系列的旁敲侧击，终于了解到这一事情的原委。许多司机配货的时间常常在夜晚甚至半夜，而业务员的工作时间是早九晚五，于是“延时”出现了！

刘清明白，培训不可能改变公司的上班制度，最后只能从司机身上下手。他针对“深夜配货”一事进行了调查，后来也发现了问题。这个问题是行车路线以及交通规则造成的。比如说某些交通路线白天不给重卡开放、某些路段过于繁忙而难以通行、某些路段限高限行处罚比较普遍等。当他掌握了这些信息，才开始第二步规划：寻找解决答案！

他认为，司机无力改变交通处罚规则或者交通路线繁忙的现状，想要与业务员进行良好沟通，只能在业务员上班时间进行及时反馈，而尊重业务员的作息时间也是非常重要的。这里刘清想到了一个方法：情绪控制法。他打算将这种“灵感再现”的东西注入到未来的培训课程里。

刘清从这种“特殊部门”找到了解决问题的良方，甚至还通过课程培养了一批尊重人、善交际、脾气好的司机。此后，该公司的“丢单”现象越来越少，甚至连续几个月都没有一起。

“特殊事情特殊处理”是一种为人处世的方式，也是培训师在日常工作中应该积极关注的，尤其是那些看上去平凡，但是却至关重要的部门，如果能够从中萃取到组织经验，将会给公司带来巨大的财富！

侧重主题的随机“踩点”

想要做一名优秀的企业培训师并不容易，因为培训是一个任务量非常庞大的工作。不但要求培训师要有过硬的授课能力，还需要他们常常互换角色去采集各种信息。这个过程有点像建造金字塔，有时候需要搬动，有时候需要往上垒。但为了能够萃取到有用的经验，花费心血也十分值得。

一套完整的培训课程由许多课时组成，每一个课时都紧密相关但又相对独立。培训师的前期准备非常重要，只有获取到足够全面的经验才能够组织开课。前面我们讲了培训师从重点岗位、特殊岗位中获取信息的重要性，培训师们为此甚至不惜充当“间谍”！除此之外，培训师们还要侧重主题，充当“扫雷员”，只有这样才能让自己掌握更为全面的信息。

某生物制药公司近期有上市的计划，所以公司特别重视企业上市前的各项工作，比如企业形象、影响力、产品口碑、人才优势、科研成果、社会公益等。为此公司成立了培训科，专门由培训师进行相关辅导。一个是公司的重视，另一个则是培训师小王的梦想！当两者结合在一起，就有了一种“催化反应”！

小王说：“上市是许多公司梦寐以求的，所以我的培训课非常之重要！”在他看来，上市涉及的面非常广，不仅要提升公司的重点，其他的点线面同样重要。正因为如此，小王必须在“求广”的同时应该有所侧重！

起初一段时间，小王十分迷茫，不知道从何下手。因为老总下达了硬性命令，要求培训课必须全面。不过小小的三尺讲台承载的东西是有限的，这就要求他“违抗圣旨”做出必要取舍。偶然的一次机会，小王重温电影《地雷战》有了灵感，他决定用一种随机“扫雷”的方式，有所侧重地进行信息采集。

生物制药公司最重要的部门是研发部，研发可以说是一个公司的生命力，小王打算先从这个部门入手。小王认为：“培训课就是培训师研发出来的，对于‘研发’二字，我与那些科研人员是有共同语言的！”于是他来到研发部，常常与研发人员围绕着“研发”进行交流。不久后他从这里获取了一个宝贵信息：研发部门一直与某大学进行合作，并且给许多大学教授提供科研环境，大学教授不仅可以进行相关课题研究，而且还为公司培养了研究生。也就是说，研发部实际上是一个研究生流动站！

通过这样一个信息，小王似乎一下子“开窍”了！他说：“研发部其实就是教授带团队进行研发，而培训课也是如此。在这里面，不仅有教育、交流、更多则是一个团队的协调工作，如果没有这样一个‘传帮带’的团队，研发就会变得困难……”这句话其实就是小王从这个岗位上萃取到的经验，因此一堂关于“传帮带的团队精神”的培训课也就有了着落。

研发部是小王的第一站，当然并非最后一站。第二站，他随机选择了宣传部。“随机”不等于“随意”，而是特意为之。宣传部就像公司的脸，脸面好坏全靠宣传。小王选择宣传部的目的就是在“宣传”上找到适合萃取经验的信息，于是他化身“间谍”来到宣传部进行“踩点”！在这里笔者需要补充一句，萃取组织经验的目的是为了培训教学，而不是为了锻炼培训师的适应能力。

来到宣传部，小王先是查看了一些宣传作品，这些作品包括宣传海报、企业网站、多媒体宣传车、内刊等。有一些宣传模式比较陈旧，有一些则比较新颖。而宣传部的人员构成也很有意思：三老带两新！对于旨在有所突破的宣传部而言，“创新学习”是更为重要的。因此小王有了一个想法，完全可以通过“全脑出击”的培训方式提高宣传人员的想象力和创新力。

现实中许多企业培训师常常犯一个毛病：走马观花。所谓“踩点”是说培训师们凡是走到一个地方，就应该按照“找—停—思—汇”的路数来。“找”，就是找到重要的信息；“停”，就是能够及时停下来、将信息拿起；“思”，就是思考、思索，在大脑中形成一个影像；“汇”就是归纳汇总得出经验。这四步是一个连贯性的动作，就如同一个人行走，摆臂迈腿一气呵成。掌握住这个方法，就不会走马观灯、浮光掠影了。

当然，培训师们也不一定非要按照故事中的小王那样去做，完全可以按照自己预先设计好的方案进行有计划的安排。从部门中萃取经验不是“三五天”可以完成的，需要培训师在整个职业生涯中都要不断地观察、搜集和萃取，不断地观察汇总，也就会有不同的新经验诞生。所以说“踩点”不是目的，“踩点”只是从中得到精髓！

董事会里窃取“真经”

有人说：《圣经》是一部智慧宝库，读《圣经》就相当于敲开了一扇智慧的大门。只有向圣贤学习，才能学到“圣贤之道”！虽然这都是老生常谈的道理，但人们常因面子问题而不能虚心求教于其他人。

有一名大学老师，自认为水平很高，一向恃才傲物。不久之后，这所大学请来一名专家，这个专家在某些方面享有国际声誉，许多老师都虚心向他请教，甚至愿意成为他的团队成员。不过这位大学老师却并不这样认为：“那些课题，如果不是花钱买的，就是身后的背景在帮他！”这种事只能是猜测，无凭无据、胡乱开口是一种嫉妒和诽谤。不久之后，学校给专家组建科研团队，这个大学老师也成了团队成员。但是他一直有一种排斥心作祟，哪怕知道这位专家有高人一等的学识依旧无法转变态度。最后这名大学老师主动申请离开团队，其他老师都觉得惋惜：“这是多么好的一次学习机会啊！”

在一个大公司里，员工数量成百上千，但是董事会的成员往往只有一个，比如董事长、总经理、常务副总等，这些老总们凭啥能够“高人一等”呢？如果你看过他的履历或许就会发现，这些人确实有超出常人的地方。如果能够向这些人“取经”，那必然是极好的！企业培训师的培训课往往是老总们授权的，所以会常常与老总们见面。既然先天条件这么好，培训师就千万不要放弃这一“窃取真经”的机会。

老总们的话在一个公司中总是以一种“真理”般的形式存在，也就是说老总的话、老总传达的精神，老总们的思路都会影响到“企业航母”的出行。能够抓住老总们的这些“真理”，培训课的价值就会更高。

其一，老总们传达的精神就是企业精神

企业灵魂是怎么来的？不是逝去的古人留下的，也不是来自圣书中的一句经典，而是那些企业公司老总在创业过程中所领悟到的人生道理。这些人生道理大多是大道至简、积极向上的。比如李宁公司的企业精神是“一切皆有可能”；阿迪达斯公司的企业精神是“没有什么不可能”；匹克公司的企业精神是“永不放弃”等。这些企业精神就是一个公司的主心骨，企业的人力建设也是围绕着这个核心进行的。对于培训师而言，首先就要抓住这个主心骨，并从这个主心骨里面提炼到有价值的东西。

获取老总传达精神的方式有以下几种：

1. 搜集内刊。内刊通常是高层向基层传达精神的主要方式，每一个科室都至少有一份，还有一些公司有电子版本，培训师可以下载存档。

2. 看老总们的开会视频。许多公司内部网站都会有老总的会议视频，视频中有老总们的总结发言，培训师可以截取视频内容作为信息进行保留。

3. 宣传海报。这种标语形式的东西通常所有的公司都有，而且还会定期更换，培训师可以多留意并且进行相关整理归纳。

能够抓住老总们传达的精神，就能抓住老板的胃口。老板们胃口大开，培训师的活也就好干。

其二，老总喜欢看的书大多就是培训师的读书重点

大多数老总们都是爱学习、爱看书的好同志，但是这些人通常不会乱看书，更不会从地摊上随便买几本应付公事。笔者之前接触过不少公司老板或者银行行长，他们都会有目的的选择读书，比如企业老板大多偏爱《现代企业管理》和《商战》之类的图书，而金融行业的领导大多偏爱《货币战争》或者《决战金融市场》之类的书籍。老总们爱读什么书，培训师们就可以多下功夫研究研究。

某公司培训师小刘因为开展培训课，常常与公司董事会的领导接触。他每周都要去董事成员的办公室进行交流、拿文件等。小刘是一个非常有心的人，他认为，“老总研读的书籍，大多是有强烈目的性的，他也是从书中萃取相关经验！”小刘为了研读老总们的读物，他悄悄用手机拍下照片，在下班后再去新华书店购买。

在拿到这些书后，小刘如同“饿了的人扑在面包上”一样，他一边研读，一边做笔记，从里面尽量提取到老板们可能感兴趣的一些信息。当他完整读完一遍后发现：董事长更在乎“决策和眼界”，总经理更重视“执行力”，其余的董事成员有的偏向安全生产，有的偏向“工艺”！不管怎样，这些都是宝贵的财富，通过这些书小刘似乎走进了董事长们的世界，甚至可以互换角色体验老总的管理行为。

培训师们完全可以按照故事中小刘的那种做法，读一读老总们喜欢的书籍。从书籍中萃取经验是快速而直接的，并且会少走很多弯路。

其三，多跟老板进行沟通、交流

与老板进行交流沟通是最简单有效的方式。对于一名企业培训师而言，老板就是企业的一本“活字典”！通过与他交流，不仅可以查缺补漏，而且还能从中提取到有关培训的重要信息和指示。曾经有一个企业老板对我说：“现在的员工，大多数都惧怕老板，或者觉得老板是一个糟糕透顶的人！其实我也愿意请他们坐下来，彼此交流一下，老板并不是‘老是板着脸’，而是一个希望得到员工理解的人！”笔者摘出这句话的目的是鼓励培训师，在老板面前不要畏惧，更不要妄自菲薄，要挺起胸膛、敢于坐在领导面前对话聊天，且彼此敞开心扉，要知道老板不是恶人。

通过对话，培训师可以揣测到老板的心理以及近期动态。比如有个培训师在与老板的沟通中得到了一个信息，这个信息是关于薪资调整的。调整薪资是打破“大锅饭”的一种激励模式，吃苦耐劳贡献大的拿高薪，好吃懒做、低能低效的恐怕有淘汰的危险……培训师恰恰抓住了这个信息，然后从中萃取了相关经验，建立了一个“激励”模型！

老板是一个公司的“中轴线”，公司要围绕着他去转，这也包括培训师以及培训课程。笔者给那些打算扬帆远航、志在千里的培训师一句话：老总办公室是藏经阁，耐心寻找就会找到适合你的“经文”。

Chapter 6

培训核心萃取力：搜集案例提升效果

携培训师一起走过的好案例

前不久笔者与几个企业培训师进行了一番交流，他们对培训各有各的看法。有的认为，培训其实就像老师讲课，把教学大纲里面的重点传达出去就可以了。有的则认为，培训师不是技校老师，不可能教给学员专业技术，更多还是传授一些有关团队、个人精神、正能量的东西。还有一位年轻的培训师说："不管学员的年龄有多大，学历有多高，但是来听课的都是学员，他们都需要'成长'，培训师就是'助长师'，当然在培训过程中自己也会跟着成长！"不管怎样，他们都是培训师中的佼佼者！培训师们虽然众说纷纭，但是他们也有着惊人的一致：喜欢剖析案例！

案例是什么呢？案例是一种广泛存在于人类生活中的、富有意义的事件。案例一般具有三个特点：故事性、戏剧性、意义未尽性。人们通过剖析案例，往往能够从中总结到经验，比如人们可以从金融危机中得到启发：黄金的稳定性要远远大于货币。每一个案例都是一个小故事，有真实发生的事件，也有人为科学加工的故事。这些故事不像小说那般鸿篇巨制、情节跌宕，而是短小精悍、非常有提炼价值。倘若你把《红楼梦》当成案例进行研究、剖析，恐怕还未到刘心武的地步便早已衰老，更别谈建立模式进行讲课了。案例不同于故事，但却有更显著的研究价值。或者说，案例有时候更像是一篇经验总结陈词，当一个人看到这个案例就能立马想象到其中的意义。培训师完全可以从不同的案例中萃取经验，然后用于组织培训。

作为一名企业培训师，能否选择到合适的案例非常重要！现实中各种各样的案例如同雪花般漫天飞舞，能够从这些案例中挑出经典，并获取其中的经验是十分有必要的。那么笔者给培训师们介绍几个经典的好案例，并附上说明。

第一个案例：经典的红牛饮料案例——饮水思源

红牛功能饮料已经成为全世界最有名的饮料之一，它还有一个享誉世界的广告词：渴了累了喝红牛！红牛之所以这么成功，完全源自于公司对各个环节的严格把控。红牛北京的副总经理石浩文曾经说："我们的经验是，对于像红牛这样的饮料生产企业，把握住了生产过程的关键控制点，全面的质量管理就成功了90%。"

这个案例是一个关于"饮水思源"的案例，如果做到"各环节"完全无污染，需要考验管理者和职员三个方面：水源洁净度的控制、杀菌消毒安全环节以及灌装包装。这三个方面是连续性的，完全可以看做是一个相互衔接、相互影响的完整系统，其中一个环节出问题，就会满盘皆输。

红牛的成功案例很容易让人联想到那些失败的饮品厂家，水源问题、包装问题、大肠杆菌超标问题，而正是因为这些问题导致许多公司上了黑名单，甚至金钱、名誉双损，最后破产倒闭，沦为世人笑谈。通过以上，培训师很容易进行正反对比，并从里面找出组织经验。因此，培训师完全可以通过案例设计一套关于"环节控制""人员操作严谨性"的培训方案，这样的方案如同手术刀一般锋利！

第二个案例：经典的阿里巴巴案例——团队至上

在世界上，阿里巴巴公司可以算的上是顶尖的B2B公司，尤其在中国的影响力已经“无人出其右”了。马云说的最多的一个词不是“财富”，也不是“统治力”，而是“团队”！所以我们可以窥探到阿里巴巴的核心价值观：团队合作——共享共担，平凡人做平凡事！

阿里巴巴公司的团队凝聚力有多强呢？几年前在互联网泡沫破裂的时期，阿里巴巴公司营收严重下滑，一度无法保障员工工资，据说每个员工只能拿月薪500块人民币，但骨干们却没有一个人离职或者跳槽。除了马云本身的个人魅力之外，不断的创新也是凝聚力的核心。所以我们看到，凝聚力不是一句口号，也不是靠高薪维持，而是一种先进的企业管理模式。

培训师们通过对阿里巴巴公司的案例进行分析，可以挖掘到一种更深层次、更为先进的经验，如果这种经验适合在所在的公司推广，就完全可以拿过来“现学现卖”了！这种“拿来主义”并不可耻，作为一种成熟的经验完全可以进行套用。当然这也需要培训师活学活用，不能比着葫芦画瓢，更不能脱离实际。团队建设有许多种方案，而阿里巴巴式的“管理方案”就是其中一种。培训师可以进行更深层次的剖析，以萃取更加新颖的管理经验。

经典案例还有很多，笔者不一一列举，这些经典也可以从报纸、新闻、图书、媒体、电视栏目中获得。或许还有一些适合自己的、未必是经典的案例也可以拿来剖析，只要我们的培训师认真、细心、有一定的剖析、萃取能力，就一定能够从中获得能量为自己的公司服务。

萃取案例的“吸星大法”

萃取提炼是企业培训师的必备技能，只有拥有了这项技能，培训师们才能“打遍天下无敌手”，走上华山之巅。萃取提炼大法就像金庸武侠书《笑傲江湖》中的武功绝技“吸星大法”，将别人的内力源源不断地吸纳到自己的身体里，从而提高自己的“武功修为”！一位导师曾经这样描述萃取提炼法：“《神雕侠侣》里的杨过功夫厉害吧，他的黯然销魂掌到了后期几乎已经天下无敌了！你知道里面的原因吗？一方面是因为杨过苦练内功，内功极其深厚；其次这个人喜欢钻研，不怕失败；最重要的一点是他博众家之长，能够从众多高深莫测的功夫中找到精华为自己所用！其实培训师这个工作，就像独臂杨过行侠江湖一样……”

笔者认为，吸星大法的巧妙之处在于“吸”！“吸”是一字双关，一方面是从别人或者案例中吸收萃取，另一方面是讲相关经验完全吸纳为自己的经验。乍看上去一个是主动性强一些，另一个似乎有一点“被动”的意味，但不管怎样，培训师想要从相关案例中找到宝藏，就必须学会“吸”！

第一步，如何从案例中“吸”取营养

有人说，即使是一块贫瘠的土地，种子也能生根发芽。听到这句话，许多人都会联想到沙漠中的胡杨林。即使在恶劣缺水的环境下，胡杨林依旧可以“吸”到水分，让自己变得更加强大、有抵御能力。培训师想

要屹立不倒，就应该学一学胡杨林的本事。对于培训师而言，经典案例常常被众人分析，培训师几乎可以按部就班地拿过来使用，对于那些普通案例，“拿来主义”就用不上了。培训师要想在这样的案例中吸取到营养，就需要做好充分的准备。

1. 找到关键字

这一点有点像高中生的阅读理解，为了答题先要找到关键字和关键句子。案例通常都是一个小故事，这个小故事有人物、时间、地点、发生的事件等，培训师首先就要把这些东西筛选出来。

> 某某培训师从一个企业销售案例找到的关键字是：某公司在某人的领导下，某年实现重大销售突破，某产品性能卓越、极具创新，并获得某某“创新”大奖！关键字找出来之后还应该继续再过滤，找关键字中的关键字。很显然，例子中最关键的部分是“创新”，而这个案例也是围绕这“创新”展开的。

2. 结合关键字进行总结

借助上面的案例，既然“创新”是最关键的词语，围绕“创新”的句子还有很多，比如如何创新、创新过程、创新精神、创新导致的结果等。培训师只是需要将案例中有关“创新”的东西进行总结整理一下，如此一来，一道高中生的阅读理解题就算做完了。

培训师从一个案例中找到了“营养”，第二步就应该借助这个营养进行“撒种”了！

第二步，提取案例，并进行相关“植入”

贫瘠的土地上之所以能够生出蒺藜，首先必须要有蒺藜的种子，并且将种子播进土壤里。通俗一点说，培训师在这个时候需要角色置换，即将案例中的人物和事装到自己的身上。

有一个培训师为了解开案例中的“密码”，自己设置场景进行了案例还原。他成为某案例中的主角，所有的事情也均发生在他的身上。通过模拟演练，他似乎找到了案例的“灵魂所在”，他说：“场景置换法则不仅适用于心理学，而且还适用于经验萃取！”既然找到了“灵魂”，就应该用萃取法将其置换出来。

这一步更像是一种角色扮演，目的在于重新复核第一步的工作。如果第一步和第二步处于一条直线上，这就说明萃取的方向是正确的。如果方向发生了偏差，就应该推倒重来。

第三步，对关键字进行进一步拓展

许多人具有一定的归纳能力，但是联想能力可能相对差一点。对于这种情况，笔者有一个思路，找相似的案例进行比对，进一步拓展对关键字的理解。

某企业培训师小吴就是这么做的！当他找到了案例中的核心，他似乎有点慌。他说：“我担心自己的判断会出现偏差，萃取的东西或许用处不大。”正因如此，才有后来那种比对式的笨办法。

当你找到一个或者几个相同或者类似的案例时，就可以借助他人的萃取方式和经验了。这种方式并不是“嫁接”，而是一种思路拓展。如果在你不确定、犹豫不决的时候，完全可以采用这种方式进行寻找。有了这种相关拓展，你就会对案例的理解更加深刻，然后就能从中取得真经。

第四步，总结吸纳成为组织经验

这一步就是开篇所说的“吸星大法”里的第二个“吸”的含义，也就是将案例结合拓展所得到的想法转化成组织经验。这一步最关键，如果前三步已经走得很扎实了，第四步就可以水到渠成了。

培训师按照自己的思路整理成文字，然后再对文字进行“推演论证”，如果经过数次推理都没有露出破绽的话，整理的结果就可以当作组织经验进行开模备课了。

案例萃取的方法并不难掌握，但是想要熟练运用必须要经过大量的练习。“吸星大法”是培训道路上非常实用的方法，如果后面的课程能够继续将案例与培训结合在一起，将会有更大的威力！

小中见大的“微案例”剖析

宋代的苏辙曾经在《洞山文长老语录》中这样写道：“古之达人，推而通之，大而天地山河，细而秋毫微尘，此心无所不在，无所不见。是以小中见大，大中见小，一为千万，千万为一，皆心法尔。”许多时候，透过一些小的苗头就能够看到大的问题，比如管道的螺丝钉老化脱落，有可能会引起重大的生产事故。

记得几年前我去某省，一家煤矿由于维修配电箱导致通风口无法排风，结果引发瓦斯爆炸。大与小不是绝对的，而是相对的，有时候小可以向大转化，有时候大可以向小转化。正如古人常说，大事化小，小事化无！古人所说的这句话其实也是一种解决问题的方法，并不仅仅是哲学范畴内的事情。

现在许多培训师由于见识多了，更喜欢场面上的东西，一个课程巴不得能涵盖世界上所有知识，上到天文、下到地理，三尺讲台上高谈阔论如同领导人一般。笔者见惯了这种“鸿篇巨制”“史诗级别”的培训课，但是效果呢，笔者并不以为然。那些在空气中飞舞的华丽的辞藻，有时候更像是听相声。台上，培训师像个相声演员，台下的学员则像是观众。一堂课下来，问一下学员到底学到了什么？学员愣了一下说：“老师不是讲了一堂笑话吗？笑话还能学什么？”事实上，培训师更应该沉下心来，借助“微案例”进行微课程的开发！这种方式不但灵活多变，而且还容易得到经验，培训效果也更好。

张某是某公司的资深培训师，他非常善于利用微案例进行经验提取和课程开发。前不久，他发现了一个非常好的微案例，是有关于产品包装细节的，于是他打算将其当做研究目标。对于这个微案例，他采用了一个“四步”实现法，通过这个方法，他从微案例中获得了相关的培训经验。

第一步，找出微案例中的关键问题

微案例是那些文字描述短、更有指向性的案例，针对这种案例，培训师更要耐心把握。有人说，越是长篇大论越是容易概括，越是短小精悍的东西越是难以控制。张某为了找到微案例中的关键字，他采用了“分割法”进行处理。

所谓“分割法”，就是将每一句话都单独成立一个项目，然后再将若干项目进行汇总整理所得出结论的方法。经过分割筛选，张某找到了有关“细节”描述的句子超过8句，是案例中提到次数最多的“词语”。所以张某找到了微案例的核心：细节！事实上，微案例所述的关键问题也是“细节”二字。

第二步，选择“案例”分析法

选择一个适合自己的分析方法在整个萃取过程中意义重大，它直接决定了萃取的精度和纯度。常见的案例分析法有系统分析法、行为分析法和决策分析法。对于培训师而言，选择行为分析法比较合适，因系统分析法与决策分析法更适合高级管理者。

张某通过行为分析法，沿着“细节”二字顺藤摸瓜，理清了案例中人物与“细节”之间的关联。案例中的“细节”有三个方面的体现：① 管理细节；② 工作细节；③ 工艺细节。三个“细节”虽然有所不同，但是通过行为分析法进行分析可以知道这些细节全部源自个人管理。只要管理到位，“细节”就可以搞定。张某认为：“选择适合的分析方法，有助于萃取，而且还能提高自己的分析能力和总结能力。”

第三步，撰写案例分析报告

撰写案例分析报告是十分有必要的，首先是可以以文字形式对微案例进行整体概括；其次也可以简明扼要地阐述自己的观点。案例分析报告可长可短，可以根据自己计划课时的长短进行控制。

张某的案例分析报告一共写了20000多字，甚至比15000字的微案例还要长。由此可见，他分析之细腻，思考之深刻。写完案例报告，他又认真复核了几遍，确定没有遗漏之后便进行了封档保存。

第四步，整理案例中所提取的经验

分析案例的主要目的就是获取经验，从案例中获取经验更为简单、直接，不用走弯路，也不需要亲自去试验。微案例比普通案例更为方便，甚至本身就带着经验属性，不需要复杂的萃取过程。

张某是个非常严谨的培训师，他的“四步”实现法是通过自己长期摸索而得到的。所以最后的“整理提炼”工作非常严格，为此他还设计了一个关于“提炼经验”的表格！因为笔者并未拿到他的设计表格，在此不做赘述，培训师们可以通过实践自行设计。

张某从微案例中提炼到自己所需要的有关“细节管理”的组织经验，这个经验既可以自己使用，也可以用于培训课程。

笔者认为，案例没有大小之分！培训师们不要用大与小来衡量案例的含金量，也不要小看那些“微案例”中蕴藏的能量。当你真正摆好心态，用一种态度去对待它、发现它，便会找到适合自己的宝贵经验。

根据“案例”开发课件

案例虽然也是一个故事，但是这个故事通常具有较强针对性的教育意义。许多人可以从案例中获得经验，并将经验运用到生活和工作中。案例还是一种工具，熟练使用这种工具可以创造、开发出你所需要的东西。

比如企业培训师，他们的日常工作非常繁忙，甚至沉重，工作之外并无太多时间可以用于组织经验的提炼工作。案例对于他们而言，无疑是现成的资源。如何利用好身边的资源，将随手可得的“案例”发挥到极致是每一个培训师都应该积极思考的。

通过案例开发教学课件是现在培训师最常用的方法，案例所承载的信息、知识、观点、经验等都是一堂培训课的主宰。既然如此，那么培训师们应该如何根据“案例”开发课件呢?

一、培训师应该从案例中获取培训主题

每一个案例都有自己的主题，不管是经典案例还是微案例。培训师先要把案例梳理一遍，从中找到案例中的关键字或者重要语句，找到之后，再将重点集中整理出来。此时培训师还需要依照“核心”进行进一步分析！比如公司近期在哪一些地方需要加强培训，通过比对再确认本次培训的主题思想。比如某化工公司针对危化品爆炸进行消防演练，培训师通过某案例获取了许多有关安全的知识和经验，因此就确定了“安全主题”的培训方向。

二、培训师要对培训主题进行推演

确定培训主题很容易，但是实施主题却很难。许多年前，笔者曾经也遇到过这样的问题，因为没有经过培训前的验证工作，一度导致课程“停摆”！所以培训师在确定主题后要进行主题推演，从正反两面入手，判断这个主题是否具有使用价值。

有个培训师曾经发明一种“情景模拟法”，就是将主题融入一个场景里，培训师在这个场景里充当案例的主角。通过这样的方式进行模拟、推演，培训师可以拥有一番“实战经验”，因此也会在真实场景中应对自如。

三、培训师依照“主题”编写培训目标

老师讲课之前都要备课，备课的开篇就是教学目标，有了这个目标，才不至于“跑偏”！爱因斯坦曾说过一句话：“在一个崇高的目标支持下，不停地工作，即使慢，也一定会获得成功。”目标是成功的基石，是茫茫大海上的一个导航灯。培训师想要有所成就，就必须先设定目标。

培训目标具有培训主体、培训对象、可测量性和结构层次四个特点，因此编写培训目标是一件非常专业的工作，需要企业培训师掌握几个编写的“模板”。

1.“三要素”模板

这个模板是1962年由美国心理专家马杰提出来的，所谓“三要素”指的是行为、条件、标准。

“行为”指的是培训课上学员们通过培训能够做什么。

“条件”则说明培训师和学员在培训课上需要哪些“教具”或者“游戏”。

“标准”类似考试，60分及格，80分优秀，60分以下需要补考。

“三要素”模板是现如今普遍使用的模板，利用这个模板进行培训目标的编写，简单有效。

2.“ABCD”模板

这个模板同样也是出自美国人马杰，1962年发表在《程序教学目标的编写》一书中。ABCD分别代表着英文的四个词语Audience（对象）、Behavior（行为）、Condition（条件）、Degree（标准）。

ABCD模板是“三要素”模板的改进类型，在“三要素”模板的基础上加了一个“Audience”。

“Audience”是“ABCD”模板的核心，这就需要培训师的培训课程

的主体必须是学员，而非自己。

“ABCD”模板的应用非常广泛，不仅可以应用于培训教学，而且在一些组织活动中也起到了重要作用。

当然现在网络时代已经十分方便，许多培训网站也提供培训目标的编写模板，培训师们可以自行下载，根据实际情况进行编写。

四、培训师按照培训目标设计培训结构

培训结构其实就像一座大楼的框架，有了这些框架才能添砖加瓦、涂抹油漆！一个好的培训结构可以造就一堂有框架、有目的的培训课。所以培训师们应该苦下功夫，将培训结构设计到位。培训结构是一堂培训课的灵魂，这就需要培训师在以下几个元素上做做文章：

1. 培训环节。这个环节就是培训师在培训课进展到每一个阶段所安排的事情，比如开课10分钟按照大纲讲课，开课20分钟设定模拟游戏，开课30分钟对学员进行分组讨论，开课40分钟总结布置作业。这些环节环环相扣，需要培训师提前设定。

2. 培训师的行为。这个行为就是培训师在整堂课中需要做些什么，比如提问、出谜语、指导、讨论、做游戏等。

3. 学员的行为。这条与上一条相似，主要说明学员在整堂培训课中所表现出来的行为活动，比如提问、讨论、做游戏、回答问题等。

4. 培训工具。培训师在培训课上所需要借助的教学设备，比如写字板、投影仪、电脑、幻灯机等。

5. 设计意图。这个要素需要培训师在培训结构设计中做一个备注，备注越详细，对未来授课越有利。

五、培训课程的开发

对于培训师而言，这个过程烦琐而困难，如果能够坚持做好前四部分，培训课程的开发就会变得容易一些。因为本书后面对此有详解，笔者暂时不做细项说明。

“课件的价值高低”最终还是要通过实际培训教学进行验证，培训师在开课之前要多做几次评估！只有这样，培训师才能真正从案例中走出来，铸造自己的培训航母。

Chapter 7

培训核心萃取力：复盘的转化能力

善于复盘不做马大哈

几年前有一本畅销书得到诸多企业家的推崇，其中联想集团的董事长柳传志还为这本书进行了审阅与修改，这本书的名字叫《复盘》！复盘到底是什么意思呢？它从哪里来又要到哪里去呢？笔者也曾对此有诸多疑问，直到我碰到一个围棋界的棋手朋友之后才知道这个词的含义！

复盘在围棋界也被称为复局，意思是围棋比赛结束后，棋手通常会回顾检查这一盘棋的招式和得失，从而总结经验教训为下一盘的博弈做准备。大多数职业围棋选手都会有这样的习惯，只有这样才有可能取得最后胜利。

说到复盘，就不得不提柳传志。从20世纪80年代联想公司成立之初，柳传志就从外面引进了这个词汇，他认为复盘是一种自我学习、一种自我管理的工具，下至员工上至老板都需要它。他将复盘看成是一种总结的习惯，只有善于总结，才能从失败中获取经验。于是柳传志将复盘当作联想集团的企业文化，“复盘”之于“联想”，似乎也有着一种不谋而合的默契。复盘备受许多业内高人推崇，笔者认为复盘之于企业培训师亦是同等重要。

某公司的项目研发部正处于攻克某项技术的关键时期，所有参研者都瞪着眼睛、紧握拳头等待最后那一刹那的闪耀。没有人知道他们为此奋战了多少个夜晚，挥洒了多少汗水。功夫不负有心人，攻关终于成功了。后来项目研发组组长被评为公司的年度之星，上台发言的时候，他提到的最多的两个字就是“复盘”！

他说：“这个技术革新不知道失败了多少次，每一次失败，大家都会围在一起‘复盘’，到底哪里出了问题。在这场博弈中，我们就像是反复失败、反复复盘的棋手，直到找出所有的败招，我们才打赢了这场胜仗！”

不久之后，该公司培训部的培训师以此为案例，以复盘为课题设计了培训课程，通过培训将复盘精神传递给所有学员，并起到非常好的效果。

言归正传，其实复盘还是一种方法论，通过复盘，可以让失败的棋局重新推演一遍。通过这种方法，你可以找到失误、败招、冒进或者保守，通过这种方法，你还可以清醒地认识到自己的差距或所处的位置。或者说，复盘可以让你变得更加全面，出招更加谨慎，做事更加认真。既然复盘有这么多的好处，那么我们应该如何复盘呢？

在这里笔者以联想公司为例，向广大企业培训师们推广一下联想公司的复盘四步法！

四步法之第一步：回顾目标

回顾目标，其实就是回想自己的“初心”！最初的目标是功成名就还是实现理想？许多人在人生或者工作的道路上总会因为各种原因而发生轨道上的偏差。有一个笑话讲的是有一个人志向远大，他立志要做一名画家，后来通过不懈的努力，他终于成了一名城市的美容师——扫大街的！虽然这只是一个笑话，但是在现实中许多人可能最终都变成了这个笑话的主人公。

回顾目标，就是让你的航道不会发生偏差。一个志在成为优秀企业培训师的人就需要时时回顾，不要忘记自己的初心。只有坚持自己的目标不动摇，才有可能取得成功。

四步法之第二步：评估结果

评估结果是对前面发生的事情进行一次重新比对和估算。比如经过长期训练的短跑运动员多次在训练中跑出好成绩，但是在两次重要比赛里却发挥失常成绩一般，也就是最终的评估结果没有达到预期。培训师们也可以用这种方式回顾自己之前的备课和培训状况。

笔者在刚刚踏入培训行业时也常常按照阶段进行结果评估。通过这些评估你可以清醒地认识到两个问题：一、努力与付出是否成正比？二、不成正比的原因在哪里？

四步法之第三步：分析原因

通过评估结果，大多数培训师都可以不出意料地找到问题！问题找到了，下一步就应该分析这个问题，然后找出原因！

以真实故事为例，培训师小孙刚刚度过了一个并不成功的“菜鸟季”，用他的话说：“简直糟糕透了！”培训课对一名志在千里的培训师如“翅膀”般的存在，如果连培训课都没有上好，怎么能成为一名优秀的培训师呢？当然小孙并没有气馁，他想通过复盘找出存在的问题！于是他一点一点的回顾、整理，然后将其记录下来。经过分析，他存在的问题有这么几个：

1. 气质不佳，镇不住场面。

2. 知识厚度不够。

3. PPT课件做得不够精致。

4. 培训方式过于单一。

找出了问题，就应该对其进行更深入的原因分析。比如气质不佳、镇不住场面的原因在于自己对气质的训练不够；知识厚度的问题在于看书太少，积累不够；PPT课件做得不够好的原因在于制作技术和审美水平的限制；培训方式单一的原因在于对其他培训模式的认知有限，需要继续学习，加以提高。

四步法之第四步：总结经验

复盘的最终目的就是总结经验，能够借助这些经验打赢下一场仗。柳传志正是靠这一招走到现在，才有了位居世界500强的联想。总结经验表面看上去是“一步棋”，其实也如一语双关般分为“上”和“下”。所谓的“上”，就是总结失败教训并得出经验；所谓的“下”，就是如何将经验运用到下一局里。

以上面的故事为例，培训师小孙找到了问题，分析了原因，紧接着就要进行自我总结了！小孙是这样总结的：

1. 针对气质问题，应该加强对自我气质的训练，可以通过专业气质培训进行提升，也可以对着镜子练习。

2. 多读书，提高自己的知识含量。被学员的一个问题难住了是一件相当尴尬的事情，而且也不利于课时进展。学员质疑你的水平，培训效果就会大打折扣。

3．苦练PPT技术，要将成熟的PPT课件展现在学生面前，紧紧抓住他们的眼球。

4．多研究集中培训方法，比如游戏、演练、户外拓展等，只有寓教于乐的培训方式才能充分调动学员的积极性。

总结经验不会在短短的十分钟内结束，而是一个漫长的“否定——肯定——再否定——再肯定”的过程，只有反复总结，才能找到真理。

明确了复盘的基本流程，笔者再简单介绍三种常用的复盘：技能类复盘、流程类复盘和问题类复盘。

技能类复盘：顾名思义，这种复盘主要是针对“技能”的，也就是说某些技能在使用过程中出现了问题，目标在于如何正确使用该技能。这个过程需要学员在培训师的引导下明确技能的使用标准、隐藏属性、度量值等，并采用“5W2H”工具最终找到科学使用该技能的方式方法。

流程类复盘：这种复盘主要针对学员工作中的各个环节和流程，如生产流程、销售流程、合同签订流程等，对流程进行复盘的目的在于规范流程、使流程更加清晰明朗。这个过程首选要对原来的流程进行“扫描”，并有针对性地进行查缺补漏或者删减赘余，让整个流程面貌一新，其次还要明确该流程的决策依据是什么，只有明确了决策依据和核心功能，才能够对原有的流程进行改造，从而起到复盘效果。

问题类复盘：这种复盘常常有较强的目的性和功能性，其意义在于处理问题和完全解决问题。这一类复盘通常有四步：① 了解问题发生的时间和历史背景；② 找到解决问题的决策方法，当然方法不止一种，可以进行罗列排序；③ 将解决方法转化为实际行动，行动是检验方法的唯一真理；④ 得出结果，结果有好有坏，如果还存在问题，还需要进一步将问题细化分解，多做几次复盘，直到把问题圆满解决。

笔者在此补充一下“5W2H”法的内容，所谓的“5W”指的是：Why（为什么）、What（做什么）、When（什么时间）、Where（在哪里）、Who（谁）；所谓的“2H”指的是：How（怎么做）、Howmuch（投入和回报）。只要合理运用这个方法，就可以更有目的性的解决问题！

掌握“复盘”技术并不是一件很困难的事，主要要让自己养成复盘的习惯。善于复盘的人，终不会成为培训课堂上的马大哈。或许失败一时，但是复盘却可助你成功一世！

设定角色助人成长

复盘是一种工具，一种智慧，更是一种生活习惯。360公司老总周鸿祎曾说：“内心强大才敢于承认错误，对错误复盘分析是找到正确方向的必须，公司从上到下要建立批评和自我批评的文化，从错误中发现机会，才能不断进步并与时俱进。”复盘可以让你找到错误、认识错误、改正错误，只有这样，一个人才能够成长，才能取得傲人成绩。培训师们可以利用复盘改造自己，也可以将复盘当成一种工具来开发培训课程中的角色，促使学员们快速成长。

笔者有一名学员，这个学员后来也成为某企业的培训师。这个培训师非常善于开发、设定角色，并借助复盘这个工具进行相关培训！其中有一堂培训课，他是这样设定的：

在这堂课里，培训师小张给自己设定的角色是环保处主任，而学员们的角色是环保处的员工。为了保障复盘的顺利进行，小张采取一问一答的方式，现场模拟了公司不久前发生的一起污染事故，在通盘回顾了事故发生的整个过程之后，小张以此为案例找出了一些关键问题，然后再通过学员对这些问题的解答起到复盘作用，下面进行一问一答的复盘现场还原：

小张问："事故发生当天，谁值班？"

其中一个学员回答："是我值的班！"

小张问："知道事故是怎么引起的吗？"

学员回答："排污管道泄漏。"

小张问："值班前是否进行了相关检查，尤其是排污管道方面？"

学员回答："实话说，有时候会检查，有时候不会……"

小张问："为什么？"

另一个学员回答："因为每个月都有一次集中检修，况且之前也是这么做的。"

小张问："岗位责任制度上不是有每天检查的规定吗？"

学员回答："有是有，但是公司从未下来检查。"

小张问："污染造成了多大的损失？"

其中一个学员拿起稿子回答："直接损失40万元，间接损失超过100万元。"

小张总结："一次污染事故就造成了超过100万元的损失，几乎是全公司5%的年利润。与其说是一个管道老化引发的事故，倒不如说是我们员工责任心不强造成的。"

学员们对小张的总结表示肯定。

小张的总结并不代表这次复盘的结束，只能算是复盘的上半场，下半场则是在小张的指导下让学员找出解决问题的方式方法，这才是复盘的关键。

小张问："经过这次事故之后，大家对岗位责任制度有什么看法？"

学员1回答："责任制度是公司提炼出来的宝贵财富，同样也是经验，我们必须按照责任制度办事。"

学员2回答："管道泄漏之前，已经有'跑冒滴漏'现象，只是没有引起大家注意，如果大家每天坚持检查，有问题就汇报，就不会出这种事！真的要坚持按照责任制度做事，否则真会出问题。"

学员3回答："一方面是我们责任心不够，另一方面还是太粗心大意，根本没把这当回事。"

学员4回答："岗位责任制度都是通过血的教训总结出来的，你说重要不重要？"

小张的定位角色进行复盘的计划进展的十分顺利，因此小张的最后一个提问也极为关键："为了防止事故再次发生，你们应该怎么做呢？"

学员1回答："每天24小时三个倒班必须按照岗位责任制度进行管道检查，有问题就要及时汇报。"

学员2回答："要把工作的事放在心上，要想到损失的巨款可能就是自己造成的，要给自己压力，不能敷衍了事。"

学员3回答："年轻员工要掌握维修管道的技术，如果发现问题就应该及时处理。"

学员4回答："有些事故不可预知，如果发生了，我们应该有一个紧急处理措施，将事故从大化小，从小化无！"

小张一边总结，一边按照学员找出的问题或解决办法写在黑板

“责任心很重要，按照岗位责任制度做事更重要，掌握维修技术很重要，有事故预防或者紧急处理措施更重要！两个‘很重要’是被动的，完全需要靠自己的自觉性；两个‘最重要’则需要大家提高自己的责任心和警惕心，防患于未然总比亡羊补牢强！”

通过角色设计，根据案例进行复盘，培训师小张进行了一堂别开生面的培训课。学员们通过复盘掌握了培训核心，增强了责任感。

需要注意的是，培训师设定的角色是充当引导人，通过合理引导，将复盘思维灌输给学员。有的培训师完全把自己的角色设定为董事长或者总经理，在模拟复盘过程中，突出个人的逻辑思维而忽略了学员解决问题的能力。要知道如果学员在复盘过程中受到了干扰，回到现实岗位上也就无法实现完整的“复盘”思维。所以笔者给培训师们三个建议：

其一，引导性提问

所谓的引导性提问就是提出一个引导性问题，让学员去解答。解答完上一个问题，培训师要借机引出第二个问题让学员们解答。每一个问题都是连续性的，不要过于跳跃，否则就会失去引导性！

其二，只提问不做多余解答

许多培训师在复原场景进行复盘时，总忍不住解答自己的观点。之前有一位年轻的培训师咨询过笔者：“为什么在复盘过程中培训师不能纠正学员的答案呢？”笔者给他的答案是：在实际工作岗位中，培训师无法代替学员进行实际操作或者管理，因此培训师只能在课堂上进行引导，让他们掌握处理事情的能力。

千万要记住这一点！因为培训师的答案也未必无懈可击，这种答案只能交给当事人去处理。

其三，打破沙锅问到底

培训师在整个复盘过程中所充当的角色就是追问人的角色！通过这种“打破沙锅问到底”的方式，展现出一个“复盘”的全过程。而事实上，复盘的技术特点就是“打破沙锅问到底”，只不过是学员不停地追问自己而已！如果学员们通过这种方式尝到了甜头，以后就会采纳复盘思维处理事情。

“设定角色复盘推演”是目前非常流行的培训方式，笔者希望广大培训师可以在这方面多下点功夫，争取有所突破。

“沙盘推演”引出结论

现在许多人都喜欢玩一种“沙盘”游戏，这种游戏最初是从军事沙场上演变过来的，有点类似于下棋博弈。许多培训师对此非常热衷，甚至以“沙盘”进行特殊的模拟培训。沙盘推演其实也是复盘思维的一个重要手法，通过左右上下的推理演绎，最终起到总结作用。

某地区发生一起重大行凶杀人案件，嫌疑人作案后逃离了现场，并未留下太多有价值的证据。就在这个时候，破案专家来了。按照正常人的逻辑思维，嫌疑人杀了人一定会惊慌逃窜留下很多马脚，然后找一个地方藏起来。很显然这个杀人嫌疑犯非常狡猾，而且故意破坏了杀人现场。在这种情形下，单纯的逻辑推理效果不大，那么我们看看破案专家是怎么推理的！

首先破案专家在现场取完证据之后将被破坏的现场进行了还原，将打翻的家具扶起来。然后，他找来两个刑警，一个扮演犯罪嫌疑人，另一个扮演被害人。破案专家在这场“还原情景剧”中充当总导演，两个演员打斗环节都由破案专家进行指挥。

根据反复的“快进”“倒退”，破案专家终于找到了犯罪第一现场，并在第一现场采集到了清晰的鞋印、指纹和留有生物DNA细节的几滴血液。由此可以判断，犯罪嫌疑人在与被害人的搏斗中受伤并流血。根据这个推理，刑警立刻采取了行动——筛查近期在小门诊进行外伤处理的人！正是靠这种“推演”法，不久之后刑警便锁定了嫌疑人并最终将其抓捕归案。

破案专家靠这种推演复盘的思维破案也凸显了“沙盘推演”这种方式的逻辑性和科学性。企业培训师们完全可以采用这种方法萃取到经验，并且将这一经验用于教学中。

推演通常都是从常规出发，然后设定在特殊情况下而推测出的结论。这个结论有可能是意料之中的，也有可能是意料之外的。培训师们想要掌握“推演”的方法，就先要了解推演的“三部进行曲”。

三部曲之一：大前提

所谓的大前提，就是已知的结果。举个例子，一个老总要求培训师不管采取什么手段都要培训好下面的员工，但是大前提是“不要太极端”！我们从中可以看出，大前提就是一个大的框架，也就是常规底线，超出了这个大前提，原则也就变味了。

笔者曾经遇到过这样一件事情，某公司培训师在进行野外拓展培训过程中有一个学员发生了意外事故，结果导致该学员死亡。后来这个培训师被公司辞退，因为他的培训触及了前提红线。

所以培训师首先要立足大前提，不管是培训授课，复盘推理，还是模拟案例，还原现场，大前提是根据地，只要扎根决不能随意改动。大前提的确定是保证推演的稳定性和合理性，即使再不合理的事情也存在合理的规律。

三部曲之二：小前提

大前提下，小前提有可能是固定值，也有可能是变值，这通常取决于案例本身。有时候在大前提的推理下，事情应该是正确的；但是小前提如果是个变量，事情的正确与否就不好说了。培训师在模拟推演中，通常将小前提设置为X，X完全是变化的，也只有这样才能模拟出诸多可能形式。

某公司培训师给学员们出了一道题，这道题是："如果仓库起火了，大前提是要保住自己的性命，你该如何去做？"其实结果会有两个，要么大火被扑灭，要么大火不会被扑灭。看看学员如何回答的。

学员A：我可能直接拨119，因为我怕死。

学员B：如果我能切断电源的话，首先会考虑切断电源。

学员C：先向公司汇报，接到指令后再做打算。

学员D：如果火灾不是我引起的，自私一点的话我可能第一时间远离火灾，跑得远一点……万一发生爆炸怎么办？

每一个学员的答案都是变量，这个变量就会导致种种可能的结果。复盘推演就像是解一道变量方程式的题，如果能将这种算力放到日常工作中，可以帮助学员及培训师提升其思考的深度和准度。

三部曲之三：结论

人们进行推理演绎的目的就是得出结论，复盘的目的也是如此。所以我们看到联想公司利用复盘进行沙盘推演，帮助企业一步一步从中小电子企业发展成为世界级的跨国集团。利用推演，棋手总能找到自己的缺陷、败招，也能找到对方的弱点和布局规律。就像一个公司，每一个阶段都会发生不同的事情，比如宏观调控、供大于求、价格危机、信贷危机等，只有不断复盘推演进行总结，才能发现规律、找到规律，找到解决问题的方法。

企业培训师对学员进行培训，一定要将“复盘推演法”通过案例、情景还原等模式传递下去。正如亚里士多德的一句话：“谬误有多种多样，而正确却只有一种，这就是为什么失败容易成功难，脱靶容易中靶难的缘故。”复盘推演恰恰就是那个活雷锋，它完全可以让你从失败中站起来从而打败敌人！

优化方案转化课程

棋手需要复盘思维，企业老板们同样需要复盘思维，军队需要复盘思维，培训师更加需要复盘思维。柳传志在谈及联想公司的发展时说：“大到战略制定和实施，小到具体问题的解决，无论结果是失败或是成功，都要把自己重新摆回到项目开始之时，重新演练一遍，重新审视原来的目标和当时的做法正确与否，原来的边界条件是否有所变化。”由此可见，复盘完全是一种方法论！企业培训师可以根据这种方法论优化培训方案，进而将其转化成培训课程。

笔者曾经有幸旁听过一堂别开生面的复盘课程，这堂课的培训师是某著名集团的内训师，水平相当之高，值得广大培训师去参考学习。他将整个培训课划分成十个部分，每相邻的两个部分都呈现出一种递进关系。学员们只要掌握了这种方法论，手里就会多一个解决问题的武器。

第一部分：确定主题的研讨方向

确定主题内容通常要有一个案例，继而从该案例中提取主题进行研讨。该培训师就是以“企业利润下滑”为主题，而后确定研讨方向。讲台下的学员全部来自供销分公司，他们对“利润下滑”都有着自己的看法，培训师要将“复盘”思维传递给每一个学员，让他们在日常工作中学会使用这种方法论。

第二部分：分组讨论各种原因

在这一环节，培训师采取了一种“分组讨论”的方式，让参加培训的32名学员，一共分成8组，每组4人，每组设置一个记录员进行整理。经过一番讨论，每一组都贡献出一条“原因”！

A 组：产品的竞争力下滑。

B 组：销售价格一落千丈。

C 组：销售渠道过于单一。

D 组：下游产品市场萎缩。

E 组：经济大环境不太好。

F 组：销售缺乏狼性思维。

G 组：生产成本居高不下。

H 组：部门缺乏激励机制。

第三部分：从中筛选出最重要因素

自由讨论的结果有很多，千奇百怪、五花八门。但是当我们总结发现，这些原因的“内核”大致一样。培训师用一种学员唱票的方式，选出两个重要因素：一、销售问题；二、产品问题。

第四部分：将问题系统化

所谓的“系统化”，就是将问题列成一个体系，有了体系，这个问题就变成了一个有血有肉有骨架的“议题”，学员们可以围绕这个“议题”给出具体的分析。

比如在这堂课里，培训师通过“复盘”演练让学员们建立一种思维方式，针对销售和产品两个问题，学员们进行了系统总结。销售环节是人的自我管理问题，产品问题亦是如此！学员们通过这种方式得到了锻炼。

第五部分：把系统问题按照主次排列

分清主次，在重要问题上发力！如果没有主次，就会导致学员在处理问题上无从下手。在这个课堂案例中，学员们将销售问题排在首位，产品问题摆在次位，由于市场环境问题属于不可抗拒因素，所以不在本次课堂讨论的范围之内。

第六部分：将问题具体化，并建立学习目标

问题的具体化思维就是将所选择的问题进行二次扩展，并加工处理，使之具备学习价值。比如可以将“销售问题”转化为“销售解决方案”或者“提高销售量、增加销售利润”等学习目标。培训师确定学习目标，其实培训课才刚刚开始，或者说前五项都是为了后五项进行铺垫或者优化。

第七部分：寻找解决方案

在这一部分，培训师依旧采用分组讨论教学法，32人分为8组，每4人一组，其中一个小组成员负责记录整理。每个小组讨论得出一种解决方案，八组就是八种方案，大有“三个臭皮匠赛过诸葛亮”之势。当然培训师们也可以根据实际情况采取其他的讨论方式，如自由讨论教学法等。八种解决方案汇总在一起，不外乎就是“拓展销售渠道、加强沟通、建立客户满意度调查、优化客户资源”等。

第八部分：再次推演解决问题中间的过程

从肯定到否定，再从否定到肯定……反复推演可以让风险和漏洞降到最低，这种方式也如同“课中课”式的复盘中的复盘，培训师可以用这种方式培养学员反复推演的能力。在这个案例中，培训师让学员们自行推演，从中发现和总结问题的“内核”。

第九部分：做出评估

评估就是评价估量，对刚才总结的结果给出判断，以决定是否采用。在这个课程中，培训师主要起引导作用，而非主导作用，课程的进度完全由学员控制。学员针对“销售”等方式方法进行了充分而细致的评估并得出结论，若此方法可行度高就会被采纳，若可行度不高，就要重新推演，再做决定。

第十部分：制订计划进行实施

不管复盘的过程如何曲折艰辛，目的就是要总结经验教训，得出实施方案并用于“实战”。最后一步，培训师可以以“家庭作业”的形式布置下去，由学员在日常工作中进行完成，以达到熟练运用的目的。

复盘不是一种形式，而是一种着重于实际的解决方法。培训师可以通过“复盘”思维优化培训方式，学员可以通过“复盘”从平凡的工作中萃取到“人生精华”。通过复盘，人们不仅仅能提升自我，找到真理，而且还能锻炼大脑，开发人的潜意识，这是一件非常积极且有意义的事情。

Chapter 8

培训核心萃取力：开发课程

工欲善其事必先定目标

一位老师走上讲台手里总是拿着两样东西，一本是备课的教案，另一本则是课本。严格意义上讲，培训师也是老师，手里也必须有这两件法宝。与普通老师不同的是培训师所培训的课程使用价值更高，且他不要求学员门门考试优秀，更不要求升学或者留级，其最终目的只是锻炼学员在日常行为中的正能力……当然这一切都必须建立在培训课之上！要想收到培训效果，培训师们就应该向那些中学老师一样先确定培训目标，只有有了目标才能“放箭”！

有一个培训师，他口才了得，气质也非常不错，而且屡屡在市演讲比赛中获奖。在他看来，培训课完全不需要培训目标，只要站上讲台，嘴巴一张就可以开始了。

有一次，他的培训课来了一位老总学员。培训师并不认得这位老总，于是他就按照曾经的培训方式进行讲课。他站在讲台上，用记号笔在白板上写了一个词：态度。然后就开始口若悬河般地耍起了口才。像他这样的临场发挥型培训师还真不少，虽然有的授课效果还不错，但是大多数都是差强人意。这位培训师也不例外，除了华丽的口才，他的培训课似乎逐渐偏离了“态度”的轨道。

就在这时，那个潜伏在台下的老总学员站了起来，然后向培训师提了一个问题：“老师，‘态度’的核心是什么呢？”培训师对这样的问题似乎也有准备，于是用一种“新华字典”式的风格给了老总学员一个回答。但是这样的回答显然是一种“敷衍”，换句话说他根本没有说到点子上，因为缺少教学目标和备课计划，他的许多授课行为都停留在表面上。

培训课结束后，许多学员产生了疑问：“难道培训就是这样的？老师随便讲，学生随便听吗？这哪像上课，根本就是演讲比赛嘛！”不仅学员们有这样的感觉，那位老总也是这样想的。

后来这位老总找到年轻的培训师，然后对他说：“我看过你的简历，但是培训不同于演讲，培训是一种实战，而演讲只不过是一种表演！你需要改变一下方式，首先要有一个目标！不要瞧不起老师手里的两件东西，那可都是他们的重量级武器！”

培训师听了之后，终于明白“工欲善其事必先定目标”的重要性！事实上，想要把课讲好，首先就要科学、合理地设定培训目标。

实际上，培训目标还可以反映出培训的预期，有什么样的目标，大概就会有什么样的培训结果。比如一个人制订的游泳目标是1000米，那么他就会朝着这个距离奋斗。如果没有目标，或许他只游了500米就累了，然后就放弃了！由此可见，培训目标就像一只无形的手，是整个培训过程的推动器。

那么培训师如何才能科学、合理的制订培训目标呢？以笔者来看，培训师首先要了解确立培训目标的依据。

培训目标不仅仅只是一个“目标”，它更像是一个可以贯穿整个培训教学的中心线。就像放风筝一样，培训目标包含放风筝的高度、风筝线的长度等，所以也可以说培训目标更像是一把“尺子”，在整个培训中起到丈量作用。

当然这还不是确立培训目标的关键所在！我们都知道，除了培训目标之外，培训过程中还有培训课程目标，但课程目标通常是比较笼统的，而且还有局限性。培训目标则不同，它是一个细化的目标，有血有肉。制订培训目标的水准也在一定程度上反映出培训师的水平。有明确了培训目标的依据之后，培训师就应该启动教学目标计划了。

笔者认为，教学目标的设定并不难，通常也是很容易掌握其中技巧的。但是企业培训师要想将培训目标做得尽善尽美，还要了解一些培训目标的特点。

特点之一：三维立体

教学目标往往是培训师在讲堂上的体现，有什么样的目标，就有什么样的培训课。有的培训师擅长知识传授法，有的培训师擅长情感渲染法……每一种都有其特点，但若只是单纯使用一种方式进行授课，恐怕效果不佳。而培训目标是三维立体的，它的要求就是以最好的方式达到最好的效果，因此它包含了知识传授、情感传递、价值观的影响以及方法论等。而这三个维度，培训师都应该在教学目标中有所体现，如此才能在培训过程中发挥效力。

特点之二：有层次性

培训目标是一个“长效计划书”，这就要求它必须逻辑合理，并具有一定的层次性，比如每一堂课与课之间的衔接，以及课题与课题之间的关联等。除此之外，培训课同样也要有主有次，有必修有选修，而这些问题也必须通过培训目标进行细化并呈现出来。如果一个培训目标主次分明、层次感强，那么学员们也会拾级而上，完全配合培训师的整个培训过程。

特点之三：有针对性

培训目标就像一把剑，极具针对性。许多培训师常常在培训过后感到困惑，有一个培训师曾经向我诉苦：“为什么总感觉我的培训课很凌乱，指向性不强呢？”我给他的答案是：“你制订的培训目标有问题！”培训师也承认，他并没有在制订培训目标方面下太多功夫，以为只要把课讲活就可以了。事实上，漫长的培训过程就像一列长途火车，如果没有针对性，可能很容易中途脱轨。培训师制订培训目标，就是让培训过程中产生的各种差异统一起来，让整个培训更为高效。

特点之四：可操作性

举个例子，有个杂技演员曾经把一些高难度的动作放在同一个表演里，当他真正去表演时才猛然发现这个杂技根本完成不了。培训目标就像杂技训练，但并不是所有难度的“集合体”，而是一种科学合理、难易结合且具有可操作价值的一项计划。如果没有可操作性，教学目标的设定就是完全失败的，这就像一个不借助任何设备的人攀登珠穆朗玛峰一样，完全是不现实的。

培训目标是培训师所要做的第一件事。有人曾经说，砍倒一棵树只需要八分钟，但是我却用了八个小时去磨斧子！所以培训师们一定要谨记，千里之行始于足下，只有提前设定方向和目标，才不会在行进过程中迷失！

构建“问题树”模型

美国麦肯锡咨询公司是世界上最著名的咨询公司之一，其业务范围很广，为许多客户提供并培养了大量优秀管理人才。这里不得不提麦肯锡的一个著名武器——麦肯锡逻辑树工具。

麦肯锡逻辑树并不是指自然界中靠呼吸二氧化碳释放氧气的树种，而是一种逻辑思维方法。通过这种方法，可以建立一种有主干、枝干、树叶的模型，这个模型非常完整，而且枝干与枝干之间、枝干与树叶之间保持着联系，且每一片树叶都是独立的，不可复制的。国人常常把麦肯锡逻辑树称为“问题树”，就像是一个枝条和树叶上挂满了无数问题一般。

其实问题树也是一棵树，除了不能呼吸之外，其他特点倒与真实树木非常相似。人们可以通过问题树模型，找出两个问题之间的相互关系，并据此得出结论。对于企业培训师而言，问题树模型是非常适合于萃取培训课程的一种工具，如果利用好问题树，就可以设计出非常出色的培训课。

我们先了解一下问题树的构造和原理！

问题树的构造也是由树干、树叶组成的，树的主干是我们已知的问题。如果顺着这个主干往下捋，我们还会发现更多的问题。每当我们发现一个问题时，就在这个问题上加上一个树枝，如果再发现就再加上一个树枝……以此类推，发现的问题越多，树枝就越多。从上到下，我们可以看出问题树完全就是一棵树的形态，如同一棵塔松。树叶又是什么呢？当然可以是树叶，也可以是果实或者花朵。当一个树枝上的问题得到了正确的解答或者被解决，这个问号就自动变成了一片树叶。树叶越来越多，问题就越来越少，直到问题树变成一棵郁郁葱葱的大树，事情就得到了圆满的解决。培训师非常需要这样一棵树，因为在培训开始之前，需要解决许多各种各样的问题，比如教学目标、教学方法、学员的性格类型、培训预期以及各种可能发生的意外等。

如果了解了问题树的构造和原理，下一步就需要弄清楚逻辑树的使用方法了！

法国著名文学家埃米尔·左拉曾经说过一句话："生活的全部意义在于无穷地探索尚未知道的东西，在于不断地增加更多的知识。"企业培训师们不要害怕没有用过的东西，当你亲身经历并体验过了，就会发现问题树就像复盘推演的方式方法那么容易掌握。打个比方，如果把问题树的主干看成一个主要问题，那么下面就可以将主要问题通过"假设"一分为二，然后再按照"假设"层层分铺下去，直到一棵完整的树被建立起来。

某公司内部培训师是这样建立起问题树的。

第一步，画出主要"枝干"。

主要枝干就是已知的主要问题，比如某公司存在的主要问题是人的工作态度问题。那么"工作态度"就是树的主干。

第二步，分解已知问题，画出其他"枝干"。

沿着问题主干往下找，通常可以将主要问题进行细分。比如导致工作态度消极的诸多问题：① 工资是否按时发；② 岗位管理制度和组织纪律是否有被执行严格；③ 大锅饭是否引发消极；④ 自我管理是否到位；⑤ 是否有奖罚措施；⑥ 荣誉感与责任心的缺失程度等。这6个问题就可以构成问题树的分支，然后分支之下还可以细分。

第三步，逐一解决问题，画出树叶。

有一些问题树模型只有问题，没有答案。与问题树对应的是答案的归纳与整理，当然也可以直接在问题树上解答，并画上绿叶。当最末端问题被解答了，主要问题也就变得很容易被处理掉。经过以上这三步，培训师很容易建立起一个属于自己的问题树模型，并利用这个模型开发新的课程。

问题树还有很多类型，就像自然界的树，有蔷薇科、蝶形花科等，问题树也分为议题树、假设树、是否树等，这些风格各异的问题树，方便了培训师们进行选择。

问题树模型的实用价值很高，完全是一种“复盘——推演——建模”的结构体。它通常可以激发学员们的发散思维，通过“假设”或者“议题”引出热点，然后再通过讨论等方式进行解决。问题树模型有着非常强的目的性和指向性，模型一旦树立起来，培训师和学员都不容易跑题。

培训师可以借助一个问题树课程开发的口诀去设计这一模型，这个口诀就是：诊断调研确定方向，问卷调查明确需求，课程设计建立模型。每一步都需要培训师付出极大的心血去实践，这样才能取得培训课的“开门红”！

善用素材开发微课程

随着科技的发展，人类的生活方式也在悄悄发生着变化。曾几何时，人们的交流需要脸贴脸、面对面；再后来有了电话，可以跨地区传递彼此的情感；如今有了QQ、微信等社交工具，让人们的交流变得更加自由、随意。培训也是如此，从过去的讲台课桌式的传统培训到现在的各种远程、模式培训。几年前，还有一种培训课非常时髦，一度成为众多培训师争相研究的热点。

> 某公司一群公司职员坐在某会议室内看着一个微电影，微电影的故事虽然很短，但是非常精彩。是一个关于“诚信”的微电影，里面讲述了某商人千里追回质量有问题的商品的故事。故事结束后，所有的职员都触动很大，回去后各自写了“观后感”。

这并不是一堂“观摩课”，而是一堂普普通通的培训课，我们把它称为“微课程”。微课程的“微”，如同微信、微商、微营销中的“微”一个，虽然小，但是却可以小中见大，可以说“麻雀虽小五脏俱全”。这堂课的设计者是一个叫王丽娜的资深内训师，她借助一个“微电影”围绕着“诚信”这一话题慢慢展开，采用学员自学、自我推演的方式进行呈现，并取得了良好效果。

笔者在这里说明一下：微课也是一种教学模式，并非只是单纯观看一个视频后写观后感而已！它同样需要培训师的精心设计和开发，需要将培训工具、培训目标、培训知识等充分的融合在一起，只有这样才能起到效果。

首先，企业培训师要先了解一下微课程的相关特点，正所谓“知其然知其所以然”。微课程主要具有八个特点：

1．时间短：所谓“微课程”的“微”，就是时间短，规模小的意思。

2．内容少：内容虽少，但是重点突出，浓缩的都是精华。

3．资源小：通常情况下，一堂微课程只需要一个U盘下载小格式的MP4或者AVI等视频即可。

4．情景化：完全以一种“影像”或者“情景”的形式展现出来。

5．主题强：微课程通常围绕这一个清晰明朗的主题进行展开，没有赘余，也没有废话，而且一个主题只要一个对应的故事。

6．针对性：微课程主题突出，也就说明极其有针对性。

7．有趣味：如果只是一个索然乏味的小东西，恐怕形同鸡肋。微课程借助的是流媒体等新兴产物来进行展示，除了科技感很强，趣味性也很足，非常适合抓住眼球。

8．传播广：只要有互联网覆盖的地方就可以进行微课程的授课，也可以通过移动互联网设备进行远程移动授课，传播方式多样。

其次，培训师要根据实际情况结合微课程的特点来进行相关课程的开发，以笔者看来，微课程的开发步骤有以下三步：

第一步，准备工作

既然微课程是一堂完完整整的课，就应该像设计其他课程那样，做到心中有数！那么培训师应该怎么着手准备呢？

万事开头难，开头先要准备微课目标，这包括微课时长、培训内容、呈现方式、讨论、得出结论、布置作业等，而这一切都必须提前准备。微课课堂布置也有一定的讲究，通常采用传统课堂布置，前排坐个子矮的女生，后面坐个子高的男生，这样彼此视线不受干扰，都能看清相关视频或者微电影。

还有一件事不能忘，即题材的选取。通常状况下，那些具有情景化处理的培训点适合被用来制作微课程，而那些系统性很强、极具抽象性的培训点就不适合用微课程呈现。所以培训师在进行微课程设计之前，一定要对题材进行定位和筛选。

第二步，内容设计

微课程是用一种情景展现的课程，所以它最重要的步骤就是如何将知识点完全融合进视频之中。

1. 选择适合环境要求的多媒体软件

最简单直接的微课程，可以直接选取MP4格式的成片进行展示，这种选择范围广、对专业要求较低，任何一名培训师都可以进行制作。

微课程较为常用的另外一种开发形式是利用软件合成的方法。这种方法需要培训师熟练掌握屏幕录制软件+PPT的结合，并且对PPT进行多方面的细节处理。一般来说，这种形式最为专业，呈现效果也更好。

2. 对培训点进行“微”加工

这个环节要求企业培训师必须掌握一定的设计能力和专业软件的操

作能力。这里就以五分钟的微电影进行呈现说明：

微电影片头（0～15秒）通常是展现微课主题环节，在这十几秒钟的时间内，学员们可以看到微课信息，其中包括培训师的名字、培训题目等。

微电影导入（15～30秒）将情景故事逐渐引入学员视野，并引发他们的联想。

微电影正文（30～240秒）是整个情景呈现的全部过程，这个过程包括培训目标、设定问题、推演思考以及归纳。

微电影结尾（240～300秒）让学员们根据整个情景中发现、推演、归纳的问题进行总结。

第三步，评价预估

不管是什么形式的培训课，都需要培训师在设计结束后进行一番评价预估，从而确定微课程是否具备授课标准。

微课程是时代的产物，也是人们进入微时代的标志之一。因此培训师要与时俱进，善于抓住机遇，掌握新兴的科技技术，丰富教学手段，提高学员的参与性和能动性，这样才能成就自己，进而成就企业！

根据大纲设计讲义

企业培训师这个职业是一个双重职业，一方面是老师，另一方面是企业员工，通常要求培训师能够在两个角色之间自由地转换。作为一名员工，他要无条件接受公司安排的培训任务；作为一名培训师，还要成为传道授业解惑的那个人。或许老师的这一角色更为重要，如果你无法胜任老师这个角色，也就无法成为一名企业培训师。

企业培训师常常要像真正的老师一样，设定培训目标、制定培训大纲、制定课程内容、写方案、设计讲义等。在这些条目里面，根据培训大纲设计培训讲义是非常重要的一个环节。

“讲义”一词源自邢昺的《〈孝经注疏〉序》：“今特翦截元疏，旁引诸书，分义错经，会合归趣，一依讲说，次第解释，号之为讲义也。”讲义就是讲课的经义，或者说是一种讲学用的书籍，现代的讲义多是老师为了上课而编写的教材，讲义之于老师就像菜谱之于厨师。事实上，讲义源自老师对日常行为的总结，里面包含培训方法和培训经验，完全是萃取而来的。

根据大纲撰写讲义是一项任务艰巨的工作，甚至有些枯燥且苦难重重。曾经有个教育家说过这样一句话：“编写讲义就像红军过草地、翻雪山，突出重围，就能达到延安……”言外之意，编写讲义是对培训师的一种考验。如果能把讲义编好，培训课也就成功在望，因为讲义的好坏直接决定着培训的质量。

讲义如同一本书，虽然设计编写非常烦琐，但若依照大纲进行编写并不是一件很难的事，只需要培训师注意几个相关问题：

第一，编写讲义要符合公司实际状况

许多培训师总会犯经验主义的错误，他们认为经验是一把万能钥匙，有了经验就可以进行培训。所以他们常常会照搬他人的成功经验，然后将其复制在公司培训中。大家都知道，在电脑文件复制中，如果文件被破坏或者受到其他限制，该文件就无法被复制。

培训师们要根据自己公司的实际情况编写讲义，而且在编写前应该去公司多部门进行“走访调查”，了解员工和各分公司领导的诉求，然后再结合适当的培训方法进行教材编写，也就是一方面要保证培训的有效性，另一方面还要考虑培训的可实施性。

第二，编写讲义要有针对性

一个公司通常有许多员工，这些员工年龄不同、学历不同、接受知识的能力也不同，所以培训师尽量避免采用“一锅烩”式的培训方式，对待不同的学员，要有针对性。

> 某公司培训师给车间工人进行安全培训，他在培训过程中用了很多专业名词和英文，这些知识对于这些大多数没有接受过高等教育的人而言是根本无法被理解或者消化的。培训课结束后，许多车间工人都“蒙圈儿”了！

因此培训师要按照学员的实际情况设计编写讲义，最好是选择浅显易懂的语言进行编写，一方面方便自己查阅和讲解，另一方面则更容易被学员消化和吸收，这样才能起到对症下药的效果。

第三，编写讲义的涵盖面要广

就像一本小说，里面除了有故事，还要有其他的方方面面，不能只有骨头没有血肉。培训讲义也是如此，它的涉及面一定要广、要全面。记得笔者的一位老师曾说过：“多出来的东西并不是多余的，或许今天用不上，明天就有可能用上！”

有一个培训师的讲义非常有特色，简直就像一部百科全书。他说：“讲义虽然要简明扼要，但是也要涉及许多方面。比如一堂课，我们讲机械加工，那么培训师就必须要讲一些机械加工的知识，甚至有时候为了进一步地拓展学员们的视野，也要为其补充新知识……倘若当你翻开讲义的时候发现里面什么也没有，那就坏了！”

所以培训师们一定要尽量让讲义内容丰富，这样在讲课的时候就找可以找到，查可以查到！

第四，编写讲义要评估执行效果

许多培训师编写完讲义之后双手一摊，如释重负。他们觉得这样就大功告成，完全可以喝香槟了。但是当他们开始了培训课才发现：这个讲义怎么用不上了？

这就是我们前面常常提到的经验萃取的核心：推演评估！讲义好不好，行不行，不仅需要培训验证，而且更要在培训前进行推演评估。有些讲义确实像小说那样精彩之极，但是却无实际操作价值，完全沦为培训师练笔之作。如若这般，讲义又有何用呢？

笔者建议年轻的培训师们，编写讲义一定要从实际出发，不需要堆砌辞藻，也不需要为了丰满而故意为之。讲义就是讲义，是一种合乎实际的经验萃取，目的在于培训的有效性！

编写讲义的好处有很多，而且在编写讲义的过程中培训师也能温故而知新，进而发掘新的培训方法。最关键的是，讲义是带有DNA属性的，它完全是你个人经验和体验的复制！只有这样，培训师才能开发出更加有特色的、针对性强的培训课程。

组织案例的课外教学模式

培训教学有很多花样，有的看上去很严肃，有的则像是做游戏，有的重在体验，有的则需要完全靠自己去推理总结！培训师之所以要这样做，其目的就是提高培训的效果。

在许多年前，世界石油巨头埃克森美孚公司在欧洲组建埃索石油分公司，为了让欧洲团队拥有美国总部的血统和基因，这个公司进行了一次特殊的培训。当时培训师找来了9名来自世界不同国家的副总裁参与这项“游戏”的评审工作！游戏是这样的：首先学员们进行为期两周的强化训练，紧接着回到自己的岗位实习五个月，最后再根据实习情况写总结报告！

最初参与的学员共有28名，分为4组，每组7个人。当然这些人都是从各个区域挑选出来的，他们彼此之间并不认识！当他们来到英国伦敦郊区一个人生地不熟的地方时，“游戏”正式开始。

他们先是用两周的时间在培训师的带领下想方设法解决自己事先准备的问题！最初的几天，培训师只是采取“引导”的策略，一边进行户外交流，一边进行自我学习。只有当问题迟迟得不到解决的时候，培训师才会提供相应的帮助，但是还是要靠学员独立完成解答问题的任务。最终学员们的问题几乎都得到了圆满的答复！

有一个学员很奇怪，此人叫汉斯，他是德国科隆炼油厂的厂长，他在学员堆里一直像个闷葫芦似的一声不吭。其实他是有难言之隐，因为科隆炼油厂是埃索石油十九个分厂中管理成本最高的一个。结果其他学员们借着足球教练传授“足球运动员品德精神”的机会向汉斯发难，希望他能够解决成本这个大问题。

两周的户外集训结束之后，28个人各自回到了自己原来的工作岗位。憋着一肚子气的汉斯想起“足球课”上的事，立马定了一个新计划：要求每名倒班员工提前半小时上班，由他亲自给员工上名为《员工品德精神》的培训课。没想到汉斯的这一招非常奏效，员工工作态度得到了转变，责任心提高了，各个环节的管理成本也逐渐往下降。仅仅五个月的时间，科隆炼油厂就将生产管理成本降低了25%，堪称奇迹！

埃克森美孚石油公司的这期培训课结束后，参与培训的28名学员一年内为总公司创造了3780万美金的利润，而培训的总投入只有区区10万美元。这个故事后来也被无数次模仿过，许多公司都尝到了甜头。

埃克森美孚石油公司的成功展示了一种成功的、新颖的培训模式——组织案例式的课外教学。这种培训方式最大的特点就是寓教于乐、互动性强。通过这种培训方式，学员们不仅可以解决问题，而且还可以在沟通与交流中分享自己的学习经验。培训师们完全可以在培训计划中安排这样一堂别开生面的培训课！

埃克森美孚石油公司的组织案例课外培训法分为三个阶段：组织学习阶段、岗位实践阶段、总结实施阶段。企业培训师完全可以按照这三个阶段进行组织模式培训。

第一阶段：组织学习阶段

课外的组织学习方式有很多种，可以由培训师引导自学，也可以通过拓展集中解决一个问题。

对于全公司式的综合培训，培训师可以参照埃克森美孚公司的做法，先让所有参加培训的学员提前准备好想要解决的问题，然后在组织学习阶段由培训师引导自学的方式进行解答。

对于某些有针对性的课题培训，培训师可以单独进行设定，比如针对团队的课题，培训师可以组织团队专项的训练；针对责任感的课题，培训师可以安插相关的游戏进行拓展……培训方式是灵活多变的，培训师可根据实际情况自行安排。

组织学习阶段的地点，可以安排在公司，也可以安排在公司之外。这个阶段的主要目的是为岗位实践做准备。

第二阶段：岗位实践阶段

实践出真知，只有通过亲身体验才能验证组织学习阶段的成果。当然许多人会问，“岗位实践阶段，培训师的任务是什么呢？”

其实第二个阶段是最重要的阶段，培训师必须要及时跟进，对实践中的学员进行定期“回访”。如果过程中出现问题，应该及时予以更正或者再进行单独培训！事实上，跟进式培训任务是培训师的常规任务，在这个阶段需要培训师对实践过程进行记录。

第三阶段：总结实施阶段

在岗位实践阶段取得的成果，一方面可以被培训师用于进行相关课程的开发，另一方面则完全可以给学员提供成功模板，直接向日常工作中进行复制。

如果第二阶段的实践效果不明显，那么就需要复盘推演，找出相关问题。在这个过程中培训师要延续“复盘建模”的思路，挖掘到核心问题，再进行反复模拟演练，直到问题得到完美解决。培训的直观目的就是给公司创造利益增长点。

组织案例的课外教学模式并不难掌握，企业培训师可以参照国内外的经典案例进行模拟尝试，只要提前做好培训前的准备，相信自己一定能够设计出有价值的培训作品！

开发评估模型得出授课效果

1998年亚洲金融危机如同海啸般席卷整个东南亚地区，所到之处，一片狼藉，货币贬值、公司破产、民众失业、股市缩水……许多国家在这场灾难面前躲避不及，蒙受巨大损失。当我们回过头去反思，为何这些国家对金融灾祸无丝毫防备呢？就如同一辆在高速行驶的列车，如果脱离正常行驶航线，司机就会启动应急刹车装置来抵御风险。开弓没有回头箭，培训课也是如此，当培训师完全进入培训状态，即使发现问题也已经来不及改正了。所以这就需要对开发好的课程进行有力评估，只有消除掉各方面隐患才能保障培训的效力。

培训本身并没有对与错，只有培训效果的好与不好。开发评估模型的目的就是对开发的培训课程进行全面而系统的判断。对于培训师而言，首先要了解一下评估有什么重要意义。

评估有点像萃取过程中的推演，旨在发现问题，解决问题。与推演不同的是，评估还具有导向性。它可以为培训师指明培训方向，并且提高培训的传播力和呈现力，所以培训师开发评估模型也是非常重要的一环节！开发评估模型并不难，也可以直接沿用传统而经典的评估模型。笔者在这里就推荐几种评估模型供培训师选择。

柯氏四级评估

柯氏四级评估是现今世界上运用最广的评估模型，发明人是美国威斯康辛大学的教授唐纳德·L.柯克帕特里克。这个评估模型分为四个阶段，每一个阶段都相对独立且互相影响，许多企业培训师都在使用这个评估模型。

一阶段：反应评估

这个阶段往往是在某堂课结束之后，学员们对整个培训过程的反馈，比如对培训师的授课技巧、授课内容、知识点的组织、教具的使用等情况进行满意度调查，并根据学员的兴趣、侧重点等进行适时改进。

二阶段：学习评估

学习评估最简单的方法就是组织学员进行考试，通过考试成绩进行反馈、评估。对于考试中的重点和难点，培训师可以着力进行讲解。

三阶段：行为评估

学员通常要将培训所得运用到实际工作中，这就需要培训师采用跟踪随访的方式对学员的行为进行评估。

四阶段：成果评估

这个阶段是对前3个阶段的整体总结，如果培训效果良好，培训师可以继续沿用过去的培训方式；如果培训效果一般，并且未能给个人以及公司带来帮助，那么就需要重新制订培训计划和目标。

除了柯氏四级评估模型之外，较常用的评估模型还有Kaufman无层次评估、CIRO四项目评估和CIPP评估模型。这些评估模型各具特点，培训师可对其逐个进行研究。

设计评估方案在整个评估模型的建立中最为重要，下面笔者就简要介绍一下评估方案的设计方法。

首先，要明确评估目标。

也就是说你要通过评估得到什么，对于大多数培训师而言，评估的目的就是为了增强培训效果。

然后，还需要解决几个问题。

由谁来评估？为谁评估？谁会关心评估结果？根据评估结果得出的结论，能够对哪些人有意义？什么时候进行评估？评估过程由谁来监督完成？还有很多问题，笔者就不一一列举，相关问题越多，评估模型也就越完善。

还有一点非常重要，即要设定评估标准。

评估标准就像考试打分一样，满分100分，优秀80分，及格60分等，可以根据得分情况了解培训课的实际效果。培训师可提供满意度调查表，然后由学员进行打分。

除此之外，培训师还要掌握一定的评估方法。

常用的评估方法有两种：一种是闭卷考试法；另一种是现场评估法。

闭卷考试法：这种方法最常见，培训师可以通过闭卷考试的方法了解学员的知识掌握情况。这种方法简单而有效，但是对于学员在工作岗位上的实际运用能力却无法做出，这就需要培训师进行跟踪调查。

现场评估法：这是培训师最常用的方法之一，可以在课堂上进行。培训师在现场进行问卷调查，可以现场得到统计结果。这种评估方法对于那种培训时间短、有针对性的培训课十分有效。

培训师可以根据自己的实际情况将闭卷考试法和现场评估法结合起来应用，这样效果更佳。

培训方案的最后一个环节：反馈!

反馈意味着解决问题，萃取核心经验，并将相关信息进行汇报。通常情况下，培训师要将培训反馈的信息汇报给自己的上级或者公司老总，再由老总们进行相关培训工作的安排和布置。

如果企业培训师可以有机地将以上五个环节制定并串联起来，就可以设计出一个比较完整的评估方案。笔者还需要强调的是：评估方案的设计要接地气，操作要方便，做的若如空中楼阁一般，培训方案就无法正常实施。

Chapter 9

培训核心萃取力：善用教学工具

置换立场的角色互换教学法

著名电影《大话西游》中有一个片段，蜘蛛精与猪八戒的身体进行了互换，蜘蛛精有了一副滑稽又可爱的猪八戒的模样，猪八戒则拥有了细声细气的女性声音。虽然这是电影的表现手段，但实际上在现实中人们也经常使用这种“角色互换法”进行模拟训练。

有一个故事，某公司为了提升员工的责任感，制定了一个“角色互换”的游戏。在一周内，公司的老总扮演普通员工的角色，普通员工扮演领导的角色。有些员工说：“让这些领导们看看，我们的水平也不低！”

游戏开始了，公司老总们来到了车间，带上手套拿起扳手，看上去很有干活的架势。但毕竟这些老总们久疏战阵，时间一长体能就出了问题，很快败下阵来。那些员工看完了老总们的笑话之后也开始向领导的角色转变。

其中一个员工说：“这些老总们只是天天坐在办公室里喝茶看报纸，平时就会耀武扬威……就这个谁不会？”于是他在某领导办公室的沙发上一坐，拿起报纸就开始了领导工作。没过多久，一个秘书拿着一打文件走进来，要求他看到文件后及时处理并向某分管的副市长汇报。

这名员工看到厚厚的文件立马傻了眼，他翻阅了一遍，甚至连文件里的某些英文都看不懂，更别说进行处理了。无奈之下，他只能向那些在车间里干活的老总们请教。此时这个员工才发现：老总们并不是一无是处，领导力不等同于喝水、看报！

角色互换的游戏结束后，公司相关部门进行了总结。员工代表发言："事实上，老总的工作压力很大，而且没有责任心和一定的能力根本无法驾驭这艘企业航母，我们应该向老总们学习！"老总代表发言："我们这些人脱离生产车间已久，不仅技术退化了，而且也不能承受体能上的劳累！广大的员工们能够在艰苦的条件下任劳任怨地坚持工作，同样是一种责任感！"

通过这个游戏，这家公司让许多员工认识到自身的不足，而老总们也打算用一定的激励方式提升员工的战斗力。一个角色互换的小游戏一下子解决了公司两个问题，而且效果显著。同样角色互换也是一种实战性很强的培训方法，培训师们完全可以在培训中加入这种培训方法以提升培训质量。

笔者曾经观摩过一堂非常出色的角色互换培训课，现就这个案例向培训师们介绍一下如何使用该方法。

第一，"互换角色"培训法的目的

案例中的"互换角色"的目的是提高供销人员的沟通能力。针对这一点，培训师们可以根据自己的教学目标进行设定。

第二，"互换角色"培训法的相关准备

时间：通常情况下培训师可以拿出半堂课的时间，案例中的培训师用时30分钟。

地点：可以是培训教室，也可以是户外。

人数：根据参加培训的人数而定。案例中参加培训的人数为24。

工具：笔、记录本、桌子、板凳等。

第三，“互换角色”培训法的具体布置

第1步：案例中，培训师小李将24名学员分成两组，一组扮演顾客，另一组扮演销售人员。笔者补充一句：扮演顾客的人员是之前销售部的学员，扮演销售人员的则是供应部的学员，这样才能起到互换角色的作用。

第2步：销售人员向顾客推销产品，顾客则用各种方式拒绝这些产品，双方形成一种拉锯战，但是销售人员必须要克服各种困难说服顾客进行购买。

第3步：角色互换进行到10分钟，培训师暂停游戏，留5分钟让学员们进行相关整理。

第4步：两组人员的角色再一次进行互换，重复第2步的做法。

第5步：重复第3步的做法。

第6步：培训师从两组中分别找一个代表进行总结，并挖掘出“角色扮演”过程中所遭遇的沟通难题。

第7步：培训师利用剩余的半堂课时间再次让学员们进行分组讨论。在这个过程中，24个人分成了6组，每组4个人。讨论组多了，找到的相关问题也就更多，有助于进行更加全面的推演、复盘，并从中进行相关经验的萃取。

通过这种培训方式，学员们更加深刻领悟了沟通的内涵，并且掌握了服务人员与客户沟通的方式方法，提高了沟通能力。

“角色互换”的优势在于让分饰不同角色的学员可以进行换位思考，彼此交换学习经验。当然“角色互换”也存在一定的劣势，因为“演戏”不等于实战，要想将这种培训方式完全转化成学员的个人能力，培训师们还要借助于其他的方式方法进行互补和完善。

头脑风暴式教学

头脑风暴是目前关注度极高的一个名词，甚至有一个卫视台的娱乐节目就叫《头脑风暴》，而且收视率很高。那么头脑风暴到底是什么呢?从字面上解释，头脑风暴像是大脑处于一种疯狂的状态！但是这种状态并不代表大脑会很快短路或者“烧坏”，而是大脑一直处于一种活跃的状态。当然精神病人的大脑不属于头脑风暴，科幻片导演疯狂的想象力算得上是一种头脑风暴。头脑风暴式教学也是现在培训讲台上比较时髦的一种培训方法，培训师可以通过某种形式激发学员们的想象力和分析力，从而在很大程度上提高决策质量。

某化工公司由于受到环境政策限制，正在努力实现转型。众所周知，企业转型就像航母调头，是一项耗时且耗力的工作。所以公司老板召开董事会议，研讨企业在转型过程中所面临的问题以及解决方法。这个公司的董事长是个高学历海归，他主持了一场头脑风暴式的董事会。

在这场头脑风暴式的董事会里，董事长充当主持人，总经理和总工程师充当专家组成员，剩余的12名董事会成员分为4组，每组3个人。会议开始后，小组成员们就开始集思广益，并用笔在A4纸上罗列不同的问题和解决方法。

半个小时后，每个小组选择一名成员作为代表进行陈述。在陈述过程中，有一记录员在旁边做记录。当4个小组陈述完毕后，由2个专家组成员对所有的问题进行梳理、归纳，并指出方案的可行性。事实上，作为主持人的董事长对这场头脑风暴会议非常重视，在此之前他就动用了复盘思维进行过推演。这一次，他想趁机采用这种方式寻找自己思维上的漏洞和不足，结果令他十分满意。

通过这个特殊的会议，这个公司打破了以往的常规并找到了新的发展思路和解决方案。最终这个公司依照从头脑风暴会议中萃取到的经验成功实现转型，不失为一个成功案例。

头脑风暴可以激活参与者的大脑思维，充分发挥其能动性，并且培养参与者的荣誉感和责任感，让其在平凡的岗位上发挥巨大潜能。头脑风暴式培训法绝对是一个培训利器！既然头脑风暴能让学员想出更多办法，总结到更多有价值的经验，而且还能克服创造性思维的局限性，那么培训师完全可以在一堂培训课中加入这一武器，使得课堂学习更加有意义。说到这里，可能有培训师会问：“这个武器怎么用呢？用到什么地方合适呢？”以笔者来看，这个“武器”完全可以按照如下这样用：

第一步，要想用好武器，首先要有组织有目标

许多人觉得头脑风暴很好玩，完全可以把它当成一个随时启动的游戏。但是当头脑风暴变成一种没有组织、没有目标的娱乐项目时，它是完全没有效力的。举个例子，某培训师把头脑风暴当作一种“消遣”，在培训课上随便开展，往往会导致学员不知所措，只能漫无目的的信口开河，

丝毫起不到萃取经验的意义。所以滥投武器的后果就是灾难！

培训师们一定要谨记，头脑风暴培训法是有组织、有计划、有目标的，只有找对“敌人”才能解决问题。有组织、有计划、有目标的头脑风暴可以产生更多的思路观点，也就有更多种解决问题的办法。

第二步，要想用好武器，其次要“有的放矢”

纵观头脑风暴案例，大多都是围绕着这一议题进行的。比如责任感、沟通能力、自信心等。许多资深企业内训师常常会把头脑风暴放在某一个节点上，用来解决问题树上的某个问题。有此笔者简要介绍下武器的使用方法：

1. 确定讨论问题：也可以直接从问题树上摘下一个节点进行讨论。
2. 布置会场：这一点完全可以在培训讲堂内实现。
3. 组织人员：将学员们进行分组，有参与人、主持人、记录员等。
4. 宣布讨论主题：就像一个辩论赛一样设置辩论题目。
5. 分组讨论：学员在主持人的引导下展开对问题的讨论。
6. 整理归纳问题：学员们选出一个代表进行发言，并由记录员进行整理归纳，以找出核心问题。
7. 萃取经验：通过现场推演法解决问题，得出结论。

需要提醒的是，有的放矢的过程需要每一名学员都要积极参与，不能成为一言堂、更不能做哑巴，否则就失去了头脑风暴的意义。

第三步，要想用好武器，最后要做好评估

无论做什么事情，评估都是必需的。有人说，大多数人都会犯错误，那些常常进行评估的人只是会犯一些小错误，而那些做完事倒头就睡的人有可能会犯一些大错误！所以培训师们一定要做好头脑风暴后的评估，如果头脑风暴法并不适合当期学员，就应该及时更换培训方法。

头脑风暴是一种非常好的培训方法，而且与问题树模型是相辅相成的，可谓是天生绝配。培训师根据实际情况合理安排头脑风暴课，不仅可以让学员们时时感到新鲜，而且还能起到意想不到的效果，何乐而不为呢？

模拟沙盘的“军事化”教学

几年前，一款名为“大富翁”的游戏相当火爆，参与游戏的玩家可以是两个人或者更多。游戏玩家可以通过掷骰子在财富地图上前进，并获得财富，同时还可以通过购买房产、收租等方式打败对方。“大富翁”游戏实际上就是现实版的商业竞争模式，只不过把它以模拟的形式放在互联网和桌面上。

类似“大富翁”式的游戏还有很多，比如“模拟城市”等，这类游戏都属于经营策划类游戏，具有一定的实战价值。游戏虽好，但是它只是游戏而已，企业培训师不能直接拿来用，必须要进行改良升级！如今有一款极为火爆且常常被用来培训教学的游戏，那就是“模拟沙盘”！

“沙盘”一词最早源自古代军队，军队作战之前常设“沙盘地图”进行战略剖析，通过推演的方式萃取到合理的战术。从古到今，这种“模

拟沙盘”游戏造价成本低廉，不受空间的限制，可大可小，且随时可以启动，可谓经久不衰。1986年“世界管理之父”斯威比博士将“模拟沙盘”用于企业管理教学，因此开始，这一游戏逐渐成为培训界里的一颗耀眼的明星。

“模拟沙盘”可以将一个公司或者商业区进行“缩小”，并且通过实战进行模拟。人们可以借助“沙盘”进行虚拟经营，比如采购、销售、人事管理、投资、企业宣传、产品研发和资金流动等。通过这种方式，可以开阔参与游戏者的思路，提高游戏者的大局观。既然“模拟沙盘”好处如此之多，培训师们又该如果利用“模拟沙盘”进行培训呢?

第一步，选择“模拟沙盘”类型

目前市面上有几个版本的“沙盘”类型，每一个类型都对应着一种风格和功能。

ERP沙盘：这种沙盘是英文Enterprise Resource Planning的缩写，意为企业资源策划沙盘。这种沙盘可以形象地展现出一个公司内外部的资源，培训师在设计角色时可按照职能进行划分，然后再分成若干家公司，通过沙盘模拟公司之间的市场竞争。

金蝶沙盘：这个沙盘实际上是ERP沙盘的电子版本，需要透过多媒体教学设备进行操作。

ITMC沙盘：这种沙盘是电子商务沙盘的电子版本，更加适合互联网营销企业或者以电子商务为主导的公司。

沙盘的种类还有很多，笔者不一一介绍。就目前而言，ERP沙盘应用最为广泛，笔者就以ERP沙盘为例介绍一下沙盘的具体玩法！

第二步，设定“模拟沙盘”目标

正如写作文要打草稿，写小说要列大纲，老师讲课要提前备课一样，模拟沙盘的游戏也是如此，也要先设定目标，就像在大海上设立导航灯一样。培训师应该在游戏开始之前选好课题，这样就不会让参与的学员跑题。

第三步，进行“沙盘模拟”游戏

游戏过程是整个“模拟沙盘”最重要的一步，笔者简单介绍一下“模拟沙盘”的攻略，供培训师参考。

1. ERP角色分配

“模拟沙盘”的具体玩法就是将不同角色的人放在一组，每一组成员组成一个公司，然后几个公司再同时进行竞争。

通常情况下，ERP的角色设定可以参照一个公司的部门职能进行设定，比如董事长、营销总监、生产总监、财务总监、人力资源总监等，这个角色在一个分组的“公司”内各司其职。

2. ERP竞赛规则

ERP竞赛规则需要从多个方面进行呈现，其中有产品、原料、生产、折旧、厂房、土建、市场准入、资格认证、违规、竞赛排名、处分规则、破产处理等。这些项目都是公司的重要器官，其中任一个项目出现问题，就会在沙盘模拟中处于落后地位。

在这个环节中，参演的学员们要以个人的角色分别管理一个或者多个方面，比如如何制定销售计划，优化产品结构，降低生产成本，减少设备折损，盘活资金链条，扩大公司规模等。在规定的时间内，学员们必须竭尽全力，才有可能取得领先优势。不过需要提醒的是，如果一方作弊或者违规，就需要根据相关规则进行扣分处理。如果在这个过程中积分为负，则这个“公司”是破产公司，会被直接淘汰出局。

3. ERP竞赛对抗

说到底，“模拟沙盘”的游戏是一个多角色的攻略游戏，它最有趣的地方就是以团队的形式进行对抗竞争。这就要求培训师向学员们传达一种精神，胸有成竹、临危不惧！

竞赛对抗方式有很多种，大多采用的是陈述与图文相结合的方式！在“模拟沙盘”比赛中，培训师充当的是裁判员的角色。

4. ERP角色总结

角色总结是一个经验萃取的过程，参赛学员总结的越全面，对企业的认识程度也就越高，培训的效果也就越明显。在这个阶段，ERP中的每一个角色都要进行发言，董事长、营销总监、生产总监、财务总监、人力总监等都可以从总结中学习到新的知识，获取更多的管理经验，并使自己的视野得到拓展。

“模拟沙盘”教学法是一种创新教学模式，它重视学员体验和自我学习，并从模拟经营一家公司的过程中提高自身的修养。虽然设计这种培训方式有些复杂，但却值得每一位培训师花费时间去学习！

“野外拓展”团队教学法

有一群身手矫健的年轻人，正在翻越崇山峻岭。他们并没有随身携带太多专业的装备，完全靠相互之间的帮助、鼓励和自我的意志品质在坚持。其中有一个年轻女孩子，看上去其貌不扬，十分柔弱，但她拥有着一颗强大的心脏，她叫朱琳，是这支队伍的组织者。

经后来证实，这群人是某保险公司的保险员，而朱琳是这家保险公司的培训师。他们在深山老林生活了三天，尽管缺水缺粮但却没有难住他们！经过三天的户外拓展，所有人都收获满满、感恩满满！这又是怎么回事呢？

倒回到十天之前，朱琳接到公司任务，要求她进行有关团队精神的培训。因为朱琳本来就是一名户外运动的爱好者，于是她结合自身特长，决定组织这样一堂户外拓展课。她说："户外生存拓展是一个很时髦的运动项目，而且非常适合团队参加！"正因为如此，才有了以上这场户外培训。

户外拓展结束后，团队成员围坐在篝火前彼此分享了关于这次拓展的感受。保险公司朝阳组的组长说："保险业就是靠团队起步的，如果没有团队精神，也就没有我们朝阳组的今天！这次拓展，同事们对我的帮助很大，如果没有他们，恐怕就不会有我今天的讲话……"另外一个远航组的组长感慨："其实我们收获的并不仅仅是协同作战的能力，还有咬牙坚持的意志力和拼搏到底的精神。"每一名学员都进行了分享，通过这次拓展，完全改变了他们的精神面貌。

企业培训师利用野外拓展进行团队精神和意志力培养的例子举不胜举，而且都取得了显著效果。通常情况下，户外拓展可以有效地发掘学员的潜能以及协同作战的能力，并且可以增加上级与下级的感情，激发出团队的凝聚力。除此之外，户外拓展可以让消极的学员变得积极主动，让冒进的人变得沉稳可靠。企业培训师们如果自身具备一定的户外拓展素养，完全可以采纳这种培训方式！另外，这种培训方式完全是在室外进行的，可以一扫室内培训的沉闷环境，有时还可以起到更好的催化作用。

因为户外拓展要把培训课搬到户外，甚至有的会在一些地貌条件比较复杂的场地进行，存在一定的风险，所以需要培训师具备一些专业技能，这些专业技能大概有以下几种：

1. 熟悉复杂地形，拓展专业流程，如水面、野外或者场地。并能熟练掌握攀岩、游泳等户外生存技能。

2. 具备一定的抢救、急救技能，最好拥有两年以上实战经验。

3. 具备一定的观察能力、应变能力、逻辑表达能力和团队的掌控力，能够熟练运用野外生存或者户外拓展知识构架培训课程。

4. 善于沟通、总结和引导。

如果你具备了上述条件，就可以设计户外拓展培训课了！这种培训课的设计并不难，培训师可以按照以下流程进行设计。

第一步，设定主题

设定主题似乎是培训课程的第一要素，也是非常关键的，千里之行始于目标，没有主题目标就会如无头苍蝇般偏离航线。比较适合户外拓展的题材通常有团队精神、意志力、协作力、个人潜能等。

第二步，设定时间地点人数

设定时间：时间可长可短，可以一天，也可以几天，根据公司实际情况安排。

设定地点：专业拓展场或者野外。

参加人数：根据学员人数而定。

第三步，设定活动内容

以某公司户外拓展为例，培训师可自行参考。

1. 第一天：乘坐公司大巴车抵达某山区，全员徒步至山顶，午休后徒步下山至某景区酒店。

2. 第二天：从景区酒店出发，徒步15公里中午抵达某山谷谷地野营，午休后徒步至某山村作息。

3. 第三天：从某山村出发，按2号线徒步返回某山谷谷地野营、泡温泉，午休后徒步2号线至某景区酒店。

4. 第四天乘坐公司大巴车返回公司。

第四步，活动费用详解

如果非公司“全包”项目，企业培训师应该详细标注各项活动费用，如乘车费、住宿费、伙食费、意外保险金等，并计算出人均费用。

第五步，培训总结萃取工作

培训师可以每天晚上举办阶段性的户外总结课，也可以在拓展结束后返回公司进行全面的户外总结。

野外拓展不仅仅可以让学员接触大自然，释放工作压力，而且对提升个人潜能、强化个人心理素质极有帮助。野外拓展作为一种惯用的培训绝招，培训效果显著，非常值得企业培训师去深入研究和学习，并以此为借鉴运用到实战中去。

巧用“破冰游戏”

培根曾经说过一句话：心思中的猜忌有如鸟中的蝙蝠，它们永远是在黄昏里飞的。职场如同战场，每个人或许都有自己的对手与敌人。所以有时候许多人都谨小慎微，将自己的内心埋藏在最深的地方，担心真心一旦流露出来会被他人所利用。之前常与朋友聚会，朋友常常说：“人心隔肚皮，有些话不能朝实里说。”但是猜忌如同病症，久积于胸口，不但容易生病，而且还影响工作。人是一种社会属性很强的生物，只要活着就离不开团队。

有一部纪录片非常值得一看，讲得是一艘俄罗斯破冰船一路破冰抵达北极点，人们由此发现冰层之下的海洋是那么的美丽。有时候人就像是一座冰山，外面是冰壳，但主要元素是水。一座冰山并不会以固体的形式长期存在，通常也会随温度的变化而改变自己的形态。心理学家为此取名“冰山理论”，意思是人们有时候潜意识的自我保护如同冰壳一般裹在外面，如果用真心温暖冰壳，就能起到破冰作用。笔者认为，如何破冰是每一位企业培训师都必须掌握的技能，如果师生之间无法消除猜忌、隔阂，恐怕培训课的效力要大打折扣了。

之前常有培训师问我：“其实大家都晓得破冰的意义，但是培训师如何破冰呢？什么时候选择破冰？”笔者认为，破冰常常被用在两个地方，一个地方是培训开课前，另一个地方是培训过程中。开课之前采用破冰战术，可以迅速暖场。有时候培训过程十分枯燥乏味，培训师也可以采用破冰游戏缓解气氛，或者增加培训效果。但是值得注意的是，破冰与暖场还不是一回事，破冰的核心是消除隔阂和猜忌，暖场只不过是缓解尴尬气氛而已。

破冰游戏的最终目的是让学员充分融入团队，提高培训师的传播力度，从而让学员从中萃取到知识和经验。除此之外，破冰游戏简单且易于掌握，非常适合在室内进行！作为一名企业培训师，应该熟练掌握多种破冰游戏，以激发学员的潜能。在这里笔者就简要介绍几种破冰游戏，供培训师们选择练习：

一、大风吹游戏

这个游戏的具体玩法是：

1．围一圈板凳，板凳数量比参加游戏的人数少一个。

2．做鬼的人除外，其他人每人坐一把凳子，而且每把凳子限坐一人。

3．做鬼的人站在中央，如果说“大风吹”三个字，比如吹戴眼镜的人进行换座位；如果说“小风吹”三个字，则是除了戴眼镜的人进行换座位。但是相邻两个人不能持续换座位，否则违例！

4．做鬼的人如果三次抢不到座位，要接受惩罚。

大风吹游戏是儿童游戏“丢手绢”或者“抢座位”的改进版，非常有趣，操作也非常简单。

二、官兵捉贼游戏

这个游戏通常由4个人完成，培训师可以将学员进行分组，每组4人。游戏的具体玩法是：

1．取4张纸，分别在纸上写“官”“兵”“捉”“贼”四个字，然后折起来备用。

2．4个人分别抽一张。

3．抽到“捉”字的学员要根据另外三个人的面部表情判断谁是抽到“贼”的学员，如果猜错了，则由抽到“官”的学员决定惩罚方式，惩罚过程则是由抽到“兵”的学员执行。

这个游戏不仅可以破冰，而且还可以锻炼学员察言观色的能力。

三、青蛙跳水游戏

这个游戏可以让全部学员同时参加，具体玩法是：

1．全部学员围成一个圈，此时开始“青蛙跳水”接龙。

2．培训师起头：一只青蛙；下一个学员接：一张嘴；第二个学员接：两只眼睛；第三个学员接：四条腿；第四个学员接：“扑通”；第五个学员接：“跳下水”！

3．继续循环以此类推：两只青蛙——两张嘴——四只眼睛——八条腿——扑通扑通——跳下水！如果此时有人回答错误或者接不上来，即为挑战者失败，并接受惩罚。

这个游戏可以锻炼学员的反应能力和左右脑的协调能力，游戏简单易操作，也非常生动有趣。

四、小鸡变凤凰游戏

这个游戏也是全体参与性的游戏，完全可以在培训室内完成。游戏的具体玩法是：

1. 所有的学员蹲下围在一起，充当鸡蛋。

2. 任意两个学员进行猜拳，胜者变成小鸡并站起来，败者继续充当鸡蛋。

3. 两只小鸡继续猜拳，胜者变成凤凰，败者变为鸡蛋，鸡蛋和鸡蛋继续猜拳。

4. 重复进行2、3步，最后决出真正的胜者：凤凰。

这个游戏可以培养学员必胜的信念和出人头地、鸡仔变凤凰的决心。

五、意乱情迷游戏

这个游戏通常需要男女学员同时参加，最好一男一女为一组。如果男女比例非1∶1，则可以由同性取代。具体的游戏玩法是：

1. 两两一组，两个学员面对面。

2. 培训师发出命令，比如“一见钟情”，两个人面对面；比如“翻脸无情”，两个人背对背；比如“不解风情”，一个学员脸部向前另一个学员则背向对方。

3．速度加快，打乱顺序，表现错误者即为失败者。

这个游戏非常有趣生动，可以培养学员的反应能力和融洽相处的能力。

破冰游戏还有很多，笔者就不一一介绍了！培训师可以“复刻”这些经典游戏的玩法，也可以自创。每一个破冰游戏都有不同的作用和疗效，培训师们可根据培训课程的需求来合理穿插破冰游戏。正如俄罗斯人的破冰船驶向北极点一样，如果没有破冰之旅，也就不会发现北冰洋上的美了……

你情我愿式的“行为模型”教学法

人是一种复杂的高级动物，即使借助心理学知识也很难解开一个人的内心并“捕捉”到他的个人行为。这也是常常令培训师们头疼的事情。不久之前一个公司的内训师向我诉苦：“其实我已经很努力了，但是培训后的效果还是不够好！”许多培训师都遭遇过这样的问题，感觉自己的职业生涯到了瓶颈期。如果真的到了这种地步，培训师完全可以换一种思路。

有一个户外培训师曾经带领许多学员来到了一个海滩，海滩非常美，海水也非常干净，许多学员都不由自主地发出赞美之声。原本户外行程只有一天，但是在学员们的强烈要求下，培训师只好改变行程。

培训师有些不知所措，于是向公司老板汇报情况：“学员们都被优美的风景吸引住了，恐怕要改变培训行程和安排，该怎么办？”

“你是否也喜欢那个地方？”老板问他。培训师只好承认了！他的老板并没有责怪培训师，反而给他出了一招：“想要留下来欣赏美景是有条件的，学员们必须去做一件事！”

培训师问：“什么事？”

“每一个人在欣赏美景的时候，需要分享自己的所想所感！”老板说。

培训师终于明白了老板的意思，行程的改变反而成了“捕捉”学员内心行为的天赐良机！于是他按照老板的吩咐，向学员们布置了新任务。学员们为了达成所愿，非常配合培训师的工作。

这个户外团队在海边生活了三天，这三天并不是虚度的三天，而是收获丰满的三天。一名名叫约瑟夫的学员，因为患有“轻度自闭症”而常常把自己关起来，通过三天的情感交流与分享，他的心理疾病大有好转，与其他学员们异常的亲密，甚至有了兄弟姐妹般的情谊。

这则故事告诉培训师们一个道理：能够捕捉到学员们的行为，才能打开学员们的心门。行为是一个人内心的集中表现，有什么样的想法，就会产生什么样的行为。于是我们可以通过表情分辨一个人的喜怒哀乐，以便通过一定的方式进行“干预”和影响。

以普通学员为例，普通学员在职场上的行为大多有相似之处，比如自我封闭、工作保守、较难与人沟通、私心重、意志力不够、处理事情武断等。这些行为通常可以反映出学员的心理问题，所以培训师应该采用一定的方式影响他们的内心，从而改变那些消极的行为。

行为导向培训法也是目前世界上较为流行的一种培训方式，培训师可以从三个方面建立行为培训模式框架，从而提高培训质量。

第一，在认知领域上取得突破

有许多培训师反映，讲台下的学员常常出现走神的状况。如果这种情况放在普通中小学教室里，老师可能会直接丢粉笔头唤醒走神学生。但是企业内部培训不同，学员们都是成年人，甚至有的学员还是部门领导，要想防止他们课堂上走神，只能通过活跃课堂气氛、提高授课的含金量等，来刺激这些学员的大脑。

活跃课堂气氛方面，培训师可以通过破冰游戏、多媒体等方式抓住学员的眼球。在授课含金量方面，培训师只能通过恶补以提高自己的知识含量。一堂课承载的有效知识越丰富，授课效果也就越好。

培训师可以通过学员们的表情、态度等适时进行调整，将传统培训课转化为以调动学员的活跃思维为主的培训课。

第二，在动作领域上取得突破

行为教学模式的种类有很多，比如角色扮演、头脑风暴、案例教学、游戏教学等，这些教学方法都可以将培训知识引入动作行为里，再通过学员参与进行另类展现。需要提醒的是，培训师在行为模式授课过程中的角色定位是“引导员”而非“老师”，而培训方法也要从“灌输式”转向“互动式”。学员靠“体验”进行相关知识的萃取，这种模式更像是“引导员+自学”，同样能够取得不错的效果。

第三，在思想领域上取得突破

某学员连续旷课数次，培训师无奈之下只好找其谈话。培训师问他："是觉得培训计划有问题还是有什么其他原因？"学员的答案是："培训课并不能真正帮我化解与同事之间紧张的局面！"言外之意，培训课只重视技能或者管理经验的传播，而忽视了情感意识的传播。后来这个培训师重新制定了培训方案，注重情感与培训相结合，重视心灵相关的培训。记得有个人曾经说过一句话：内心和情感是一个人的杀手！

培训师一定要记住：情感决定行为！在安排培训课程的时候，一定要重视沟通、情感交互、消除隔阂等方面的培训，以消除学员的戒心。行为培训模式的核心就是：学员表达什么意愿，培训师就要根据学员的意愿设计教学。

在培训中建立"行为模式"非常重要，它直接关系到培训师的培训效果。所以培训师要认真研究学员的行为，通过行为进行有针对性的布置，就像工地的工人害怕高空坠落物体而配备安全帽以消减他们内心的恐慌一样，只要培训师们认真观察，一定能构建起高效的行为培训模式！

Chapter 10

内训影响力：

以特质入手转化成果

因势利导从学员“特质”入手

一个公司最宝贵的财富不是金钱，也不是管理，而是人才。有了人才，就有了源源不断的创造力，有了创造力，就能带动公司发展。现在许多公司都注重人才培养，有的公司甚至还与大学合作，建立起了人才交流中心或研究生流动站。以华为公司为例，华为公司拥有上万名博士生，每年申请专利数千次！作为中国首屈一指的高科技公司，华为似乎具备成为世界级明星企业的实力。

除了引进高学历人才，公司拥有内部的培训机构也是未来发展的主要方向。过去许多企业从外面聘请专家给员工进行培训，但是这些培训时间短、任务重，往往缺乏系统性和连贯性。通常专家一走，学员们过不了多久就忘掉了。如果一个公司拥有自己的专业培训团队，不停的为员工供给养，那么员工们就会一点一点茁壮成长。

如今许多公司把内训当成核心，内训的影响力也慢慢在员工的思维中建立起来。但是内训是一个技术活儿，不仅需要公司的大力支持，更需要培训师们找出门道，能够有针对性地进行培训。培根说过一句话：“我们要时时注意，勇气常常是盲目的，因为它没有看见隐伏在暗中的危险与困难，因此，勇气不利于思考，但却有利于实干。因为在思考时必须预见到危险，而在实干中却必须顾及危险，除非那危险是毁灭性的。所以对于有勇无谋的人，只能让他们做帮手，而绝不能当领袖！”以笔者来看，企业培训师想要扩大内训的影响力，首先应该找到学员的特质，从特质入手，有针对性地进行培养和灌输。

首先，培训师应该理解特质的定义。顾名思义，特质就是人格特点，通常人们具有五种特质：和悦性、外向性、公正性、情绪性、创造性。在明确了特质的定义后，培训师就可以从这五个方面下手了！

一、针对“和悦性”的做法

所谓“和悦性”，指一个人具备合作性、通融性，与之相反的则是拒绝合作、充满敌意。

现实世界里，这两种极端的学员非常之多，甚至超乎培训师的想象。不久之前还有一名年轻的培训师打电话求助，问我如何才能与那些“刺头”和睦相处。事实上，世界本无“刺头”，“刺头”只是不符合你的利益而已。

首先，培训师应该放下“老师”的架子，与学员们平起平坐。因为没有人喜欢一个高高在上、冷若冰霜的形象。对于那些彬彬有礼、谦谦君子式的老师，“刺头”也会礼让三分。

> 某监狱培训官为了跟犯人建立合作沟通的桥梁，不惜与犯人吃住在一起，久而久之，犯人消除了对他的敌意，开始与他合作，认真听他的监狱技能课。

二、针对“外向性”的做法

所谓“外向性”，通常指一个人性格外向、健谈、喜欢交流，与之相对的就是闭塞、害羞、内敛。

培训师常常喜欢那些性格开放的学员，这一类学员接受知识比较快，而且善于同培训师交流。而那些性格内向的学员，他们对培训知识的掌握状况通常只能用通过考试成绩来衡量。培训师所面临的挑战就是想办法撬开内向型学员的嘴巴，让他们健谈。

前面介绍了很多“破冰游戏”，这一类游戏对内向型学员似乎有不错的疗效，培训师们不妨试一下。

三、针对“公正性”的做法

所谓“公正性”，指的是一个人的责任心以及被信任的程度，与之相对的则是不可靠的、没有责任心的人。

培养学员的责任心是培训课堂上一个非常重要的课题，针对这一重点，培训师应该格外小心。尤其对于那些粗心大意、满不在乎的学员，更应该想尽办法为其灌输责任意识！有的学员懒散惯了，短时间内无法调动他们的积极性，针对这一类型，培训师应该加强情感沟通和团队精神的培养，用实际案例告诉他们：没有责任心会拖大家的后腿！除此之外，适当的鼓励必不可少。

四、针对“情绪性”的做法

所谓“情绪化”，通常说明一个人情绪波动大、容易冲动、愤怒或者忧心忡忡，而另外一种则是缺乏热情、完全拘泥于形式。

这两个极端都是培训课上的重磅炸弹，尤其是前者。曾经发生过一件事，前几年某公司培训课就有学员当场闹脾气、发泄，一走了之。后来他受到了公司的严厉批评，但是该学员并没有承认错误，而是炒了老板鱿鱼。事实上，这个问题不是学员的问题，而是培训师与公司没有协调到位。对于这一类脾气暴躁的学员，培训师要学会利用“课堂灭火器”，一旦起火，立马采取灭火措施。所谓灭火，通常需要培训师心平气和或者游戏等方式进行化解。除此之外，培训师要做到一视同仁，不要当着面给其他学员单独开小灶！

对于那些缺乏热情的学员，培训师可以适当组织户外拓展，通过寓教于乐的教学方式激发学员的积极性和能动性。

五、针对“创造性”的做法

所谓“创造性”，指的是一个人的想象力、创造力以及改造事物的能力，与之相对的则是没有创造性。

提高学员的创造力是培训师的重要任务之一，常规做法有：一、善用多媒体，抓住学员的眼球，提高他们的观察能力；二、培养学员的创造性思维，比如采用“全脑”教学；三、开发学员的想象力，培训师可以采用实践课，让学员们自己动手；四、灌输复盘推演思维；五、给学员们一个大胆提问的权力，有时候提出一个问题比解决一个问题更重要。

企业培训师想要提高培训效力，就要因势利导从学员的特质入手，一方面从中了解到学员的诉求，另一方面可以做出有针对性的调整。只有这样，培训师才能把目标转化为成果。

影响力之问题分析与解决

有一个聋哑学校，学校里一共有200多个聋哑学生。这些学生大多都非常自卑，甚至自闭，不愿意与正常人进行交流。为了让他们学习手语，老师们想尽了一切办法。

一个名叫约瑟夫的孩子，他刚刚来聋哑学校不到一周，加上孤儿的身份，他完全像是一个被世界所遗弃的人。大家都知道，他想要坚强地活下去，必须解决两个问题：① 摘掉自卑的帽子，树立求生的信念；② 学习手语，做个会“说话”的人。很显然，当他身处陌生环境，加上自己的糟糕经历，他并不打算接受周边人的帮助。

安娜是这所聋哑学校的老师，也曾经有过悲惨的经历。换句话说，如果一个“求助”信号闯进一个弱小的身体里，或许能够让他的灵魂壮大起来。没想到奇迹真的出现了，约瑟夫接纳了安娜，并且成为了安娜的朋友。随着时间的推移，约瑟夫接受了安娜的请求，愿意学习手语与大家进行交流。

三年之后，约瑟夫毕业后留校了，不但重启人生，而且还成为了聋哑学校的一名手语老师。

这样的奇迹还有很多，故事中的安娜并没有灌输解决问题的招式，而是通过沟通，用一种影响力帮助了小约瑟夫。在这个过程中，安娜从一个朋友角色逐渐向人生导师的角色过渡。古人言：授之以鱼不如授之以渔。解决自身问题只能靠自己，而不是别人。

不久之前一名培训师向我大倒苦水：“我怎么总是遇到‘笨学生’呢？其实是一点就透的问题，可是他们却怎么也领悟不了！如果每个人都这样，问题就会越来越多！”后来我告诉这名培训师：“不是他们‘笨’，而是没有掌握分析问题、解决问题的要领，你要慢慢尝试，试着多与他们沟通，了解一下他们的内心想法和需求。”

第一，目标很关键，过程更重要

许多企业培训师由于工作压力大，培训任务繁重，常常只重视培训的结果，而忽略培训的过程。就像一个人，如果你只重视他的考试成绩而不关心他求学过程中的其他表现，是一件非常不公平的事情。于是我们想，想要让他取得优异成绩，是不是应该重视一下他的学习过程呢？有一个培训师发现，许多学员只是低着头学习、看书，从来不会向培训师提问题。这是因为在他们的内心深处也埋藏了同样的秘密：过程不重要，结果更重要！当你发现这样的问题后，就应该尝试与他们沟通，让他们真正体验过程。

事实上不是学员发现不了问题，而是觉得这样的问题不会被引起重视。作为培训师应该鼓励学员们在培训过程中要大胆发问，就像爱因斯坦说的："提出一个问题有时候比解决一个问题更为重要！"

第二，还原生活

在培训课堂上，他们是学员，培训课堂之外，他们是员工、丈夫或者妻子、儿子或者父亲……所以这种往返的"角色"更替常常使人感到厌倦，逐渐失去了发现问题、破解问题的机动性。

曾经有个公司老板提到一个"和尚"理论，他说："许多员工都是做一天和尚撞一天钟！久而久之，自己也就变成了只会敲木鱼的和尚！"培训师常常会使用"角色互换"的手法来授课，但更重要是"要还原生活的真相"，才能刺激学员们产生能动性。

所以作为培训师，首要应该让自己的课堂活跃起来，死气沉沉的授课环境只会消磨人的意志力。其次，培训师可以多尝试生活模拟式的培训，多与学员们谈心，或者设计一些体验课，充分调动学员的能动性，给他们建立起生活、工作的乐趣。还有最关键的一点，培训师要时时鼓励学员们去大胆进行一些尝试，从实践中得到真知，进而萃取到解决问题的经验。

第三，能够包容学员犯错

人无完人，是人就会犯错误。不仅学员会犯错，就连资深培训师也会犯错。有个例子，有个学生总是担心站起来答错问题，甚至一度连头都不敢抬。于是有人问这个学生："你为什么不敢抬头？"学生回答："怕老师惩罚我！"一个不允许学生犯错的老师根本不能称之为老师，只是一个暴君而已。

培训师要包容学员们犯错，只有错误被理解，学员们才能认识到问题，也才能去改正问题。

第四，设计"问题解决"模式课程

一个有经验的培训师会设计一套"方案"应对这种问题，就像学校教育有人借助"陶氏理论"建立一种"情景问题模式"，然后建立"模型"，借助方法论去解决问题、萃取经验。

以笔者看，企业培训师完全可以借助公司内的资源，将学员所在的工作岗位转化成培训教室，设计一个有实际意义的生活场景！这种方式不仅可以在工作中进行，而且还具有一定的指导意义。只不过这种方式需要培训师耗费一定的时间来对学员的工作进行一定程度的监督！

发现问题、解决问题是培训的本质，也是培训的精髓。培训师所做的一切努力就是帮助学员建立一种处理问题的机制。学员掌握了"捕鱼"的技术，也就能够更好的适应工作，完成公司分配的各项任务。

根据解决方案设计学习

培训的目的是培养人才，而人才与人才之间也存在差异。有的人才是专一型人才，有的则是复合型人才，而当下提及最多的是学习型人才！学习型人才并不特指某一个人，而是泛指一个组织中的成员。

学习型人才是一个组织中的主体，尤其在多变的社会里必须求变以适应当前发展，同时还要与组织完整的融合为一体。所以学习型人才离不开组织，组织也不开学习型人才，这个关系就是学员与企业的关系。因此培训师的主要任务也就明确了，旨在培养组织内的学习型人才，而非专一型人才。

前面我们提到，培训师一般是通过引导或者理念灌输培养学员发现问题、解决问题的能力。但是要想进一步提高，就必须利用萃取到的经验与新知识相结合，才能取得突破，就像孔子所说：温故而知新，可以为师矣！

作为学员，“学”这个字最为重要，不断地学习可以给学员们提供“永动力”。如果把“学习”二字进行拆解，“学”是求学，寻找的是知识，也就是寻找理论；“习”是练习，是实践。“学习”不仅是一个动词，而且是一个连杆装置，前后递进，甚至可以与马克思主义联系起来：理论联系实际！因此这就需要企业培训师们去做一件事：根据培训方案设计学习。

学习是一种行为，有主动学习和被动学习。针对这两种学习方式，培训师要分别进行设计。

第一，针对主动学习的设计

许多学员能动性强，有一定的上进心。针对这样的学员，培训师只要提供必要的学习方法就可以实现。

1. 培养学员查阅资料的能力

每一个人都会在求学过程中遇到困难，有的人会虚心请教，有的人或许会出于性格原因“憋”在心里。于是培训师应该让学员们掌握一定的查阅资料的能力。

许多问题的答案都可以从相关书籍或者资料上找到，互联网的出现又让查阅资料变得简单易行。比如百度知道、百度百科、维基百科、知乎等网站都可以进行快速检索答案。尤其对于那些迫切需要答案的学员而言，是非常便捷的方式。而对于那些年龄偏大、不懂电脑的学员而言，就需要借助一定的书籍。

2. 培养学员的实践能力

事实上许多学员所在的工作岗位，并不需要大量的理论知识，而需要用大量的实践进行反馈。在这里，培训师要更多地充当一种“引导员”的角色，一方面给予鼓励，另一方面则适当引导实践。

那些主动性强的学员，通常都是非常有工作责任心的只是找不到好的学习方式。但是透过大量的实践，总结、萃取，就可以让自己的经验越来越接近理论……因此培训师应该适当跟进监督，并适时予以指导。

3. 培养学员的自学能力

俗话说，爱学习的学生会想方设法挤出时间学习！但是自学也是一种学问，盲目自学未必起到好的效果。培训师要根据实际情况向学员传授一些自学的方式方法，笔者就简单介绍几种常见的自学方法：

宏观学习法：从全局出发，在掌握事物发展规律下进行举纲带目的学习。这这自学方法虽然有些“粗犷”，但是整体把握性好，不会跑题。

归纳学习法：这是一种以点带线、以线带面的学习方法，通过分类、归纳，层层推进或者抽丝剥茧，最终得出结论。

循序渐进学习法：这是一种传统的学习方法，它强调的是从基础开始，一点一点往上加，就像举重一样，欲速则不达。这种从初级到高级式的学习可以让学员们认识发展的规律，掌握实践经验。

探讨学习法：这种方法需要学员在学习之前设定“探讨”话题，然后围绕着这个话题进行学习和解决。

第二，针对被动学习的设计

学习被动的学员大多是由两种原因造成的：一个是培训师的课讲得不好；另一个是认为学习这些知识的价值不大。针对这两个原因，企业培训师也可以采取多种方法促使学员由被动学习转为主动学习。

1. 提高课堂的精彩呈现程度

如果一堂培训课像是一堂寓教于乐的科幻电影，即使再消极的学员也会睁大眼睛看几眼。只要抓住他们的眼球，设计学习的框架就基本搞定了。因此可以采用多媒体、幻灯片教学，不但增加了趣味性，而且还可以激发学员主动参与培训。

2. 设置情景打开学员的话匣子

之前常有培训师打电话告诉我：“台下那些学生总是爱搭不理的，也不知道他们怎么想的，好尴尬啊！”培训中令人尴尬的事儿还有很多，但更尴尬的是培训变得毫无意义。当你不知道那些消极学员的内心，倒不如设置情境打开他们的话匣子。

有一个年轻培训师设置了一个“讲鬼话”的小游戏，没想到那些沉默寡言低着头的家伙们一下子兴奋起来。他们不但开了口，而且还说了他们内心的诉求。根据他们的诉求，年轻培训师制定了一套有趣的培训方案，最终培训收获颇丰。

3. 布置作业

这是一种最为传统、但是效果非常明显的方法。那些被动学习的学员，也会为了完成作业而硬着头皮去查阅资料、适当学习。尤其对于那些学习态度不积极、但却要面子的老学员，效果非常好。

培养学员主动学习是整个培训过程中极为重要的，对于那些身在职场上的学员，单纯的课时根本无法起到根本性的作用。与其说是设计学习，倒不如说是提高学员的学习能力。通过不断地学习，学员成为了一个公司中的“学习型人才”，这不仅是培训师之幸，更是企业之幸！

打造平台思维“生态圈”

几年前，我曾经与某公司老板有过一次交流。这个老板是从传统行业发迹，后来做跨境生意，几经沉浮，最后也算是小有所成。他一直想找一个人协助自己，他说：“我想找个孙大圣！”

我有些震惊：“难道你不怕孙大圣大闹天宫？”

“我不怕，我就担心他不去闹！其实孙大圣保护唐僧去西天，一路上降妖除魔、忠心耿耿！不过我更看好他的神通，上天可以请天兵天将下来助阵，入地可以请出阎王爷更改阳寿！”

后来我明白了这位老板的意思，他想找一个“关系”和“能力”都特别牛的人。这位老板谈到互联网思维时说：“一个人的能量到底有多大，看看互联网就知道了。小小的一个点，有可能带动整个资源。这个点就是一个人，他的链接能力有多强，身后的社会资源就有多大。我找的不仅仅是一个人，而是这个人身后的‘生态圈’。”

讲到这里，出来一个新名词：互联网思维！互联网思维也叫平台思维，是一种在互联网、大数据、移动互联等科技背景之下，对产品、用户、企业价值以及整个市场进行的再次审视的思维方式。这种思维方式并不是研究的互联网，而是借助互联网的特点去重新定义人的价值！就像小米科技的董事长雷军曾说过的：“互联网其实不是技术，互联网其实是一种观念，互联网是一种方法论，我把它总结成七个字：专注，极致，口碑，快。”

因此平台思维也带给我们四个有价值的培训点：“专注”“极致”“口碑”“快”！通过培训打造平台思维模式，完全可以在这四个方面进行体现。

什么叫“专注”？

老板驾驶企业航母没有偏离航线就叫专注，研发人员在实验室里不断进取就叫专注，培训师精心研究培训课程叫专注，学员认真听讲、在岗位中体现价值也叫专注。专注其实就是心神合一、全神贯注！专注也是互联网企业的精神内核，如果没有孤注一掷的决心，恐怕也就没有阿里巴巴、百度、京东这类互联网界的巨无霸。作为一名企业培训师，提高学员的专注力是势在必行的一件事！

通常情况下，学员们只对自己感兴趣的事情有专注力，那些他们所厌倦的事物就会令他们分神。所以提升学员专注力的第一要素是：首先，了解学员喜好，将他们关注的热点合理地放进培训里；其次，培训师还可以在培训中穿插一些小游戏进行调解，或者向学员传授一种积极心理暗示法进行自我专注力的训练。如果提升了学员的专注度，就可以扩大培训的影响力。

什么叫“极致”？

所谓“极致”，就是凡事做到最好、最完美。在互联网中，极致思维就是把互联网用户的体验、服务等做到极致。培训师将培训课尽善尽美是一种极致思维，学员们将学习完全转化为经验也是一种极致思维。追求极致、一丝不苟、精益求精同样也是一种工匠精神！

针对工匠精神，培训师可以设定教学目标进行专项培训。这类培训不仅实用，而且紧跟时代步伐。拥有工匠精神的学员们在学习上也会力争上游，取得好成绩。除此之外，工匠精神也是一个公司立足于世界的标志，这与工匠不谋而合，因此可形成一股合力。

什么叫“口碑”？

现在最流行的网站——大众点评网，就是一个口碑聚集地！人们在登录大众点评网后，往往会按照排名选择口碑最好的饭店或者酒店进行消费。“口碑”一词源自宋代高僧释普济的《五灯会元》，上面写道：“劝君不用镌顽石，路上行人口似碑。”口碑实则是一种认同，一种默许。比如说一个人口碑不错，那么这个人一定是个很在乎自己形象的人。

要想提升一个公司的口碑，培训师就要精心设计培训课程，只有让学员们的整体素质提高了，那么才能让公司的形象变得更好。与此同时，培训师的口碑也是靠学员们的嘴巴评价出来的。这就要求培训师一方面要“善待”学员，另一方面也要在学员面前保持良好的个人形象。为自己赢得好口碑的同时，也能扩大企业内训的影响力。

“快”又是什么呢?

互联网中的“快”是两个概念，变化快，传播快。而对于人而言，“快”的含义就更多了，比如脑子反应快，做事果断迅速。企业培训师所要抓住的就是“反应快”和“做事果断”两个要点，借助培训平台让学员们“快”起来。

平台思维就是让学员与公司放在一个平台上，学员利用公司的平台发展壮大自己，然后再作用于公司，由此便形成了一个闭合的“生态圈”。事实上，企业培训师应该想方设法构建这样一个“生态圈”，让学员变成公司内部网络的一个重要节点，

善用“促动”技术提升学员士气

学过化学的朋友们都知道，两个物质发生化学反应是一个很微妙的事情，有时两个物质的碰撞如同火星撞地球般激烈，有时则“缠绵反侧、难以入怀”，还有的必须要在“催化剂”的“催化”下才能进行反应。

有一个孩子叫布鲁诺，他曾经经历过严重的腿骨折，后来他的父母、亲戚、小伙伴再也没有见到他愉快地奔跑。因为像那些“一朝被蛇

咬、十年怕井绳”的人们一样，有了心理阴影。

为了让他再次奔跑起来，他的父母费劲了百般周折，但也没有想到好办法。就在这时，一个名叫乔安娜的女孩出现了，她比布鲁诺大一岁，因为一场车祸失去了双腿。当她看到忧郁的布鲁诺时，就对他说：“如果我拥有你的双腿，我想我会去找本杰明。”

“为什么去找他？”布鲁诺不解。

乔安娜解释道：“因为他是学校里的长跑冠军，我想我一定可以战胜他！”

这句话深深触动了布鲁诺，他开始反思，一个拥有双腿的人却时刻担心因为奔跑而失去双腿，而失去双腿的人们却热切渴望着来一次痛快的长跑。后来乔安娜继续请求布鲁诺：“你能推着我去树林那边的小溪吗？我已经很多年没有去过那里了！”布鲁诺答应了乔安娜的请求。

在乔安娜的鼓励下，布鲁诺终于奔跑了起来。不久之后，他打破了本杰明的长跑纪录。对了，十五年后，乔安娜成为了布鲁诺的妻子。

布鲁诺之所以放下担忧重拾信心，其实源自乔安娜的鼓励和催化。如果没有她的促动，恐怕布鲁诺还在为奔跑的事纠结。

前不久笔者参加了一期沙龙，沙龙的组织者是一名资深促动师。有人会问，促动师是干什么呢？简言之，促动师是组织学习的发起者，是整个行动学习的灵魂。他的一句话令我触动很大，他是这么说的：“如果你认为学习最重要那就大错特错了，如果没有行动，学习就会失去意义！”他的话与雷格·瑞文斯的话有异曲同工之妙，雷格·瑞文斯的原话是：“没有行动是脱离学习的，也没有学习是可以脱离行动的。”事实证明，只有将学习与行动结合在一起，两者才会发挥出最大效力，企业培训师在这个过程中充当的就是催化剂的作用。

把促动最大化是每一个企业培训师都应该奋斗的目标，因为促动可以让一切事情变得简单易行，让学员在工作中充满凝聚力和战斗力。除此之外，“促动”还是一种智慧，他可以在团队中达成某种共识，并快速地将个人意识转化为行动能力。现在许多世界500强企业都在用这种方法激励自己的员工，提高他们的工作绩效。

以笔者来看，目前常用的“促动”技术有三种，企业培训师可以通过多次尝试后，将其运用到实践中。

第一种，借“心智模式”发力

所谓心智模式，就是扎根于我们内心深处可以左右我们思维、判断、假设等的一种思维模型，心智模式可以让位思维受限，形成定势思维。当然思维定势并不是坏事，只不过是一个人的思维习惯而已。如果培训师能够借助促动技术，就可以打破学员们的思维定势，让学员朝更好、更积极的方向发展。

1. 提高学员的学习力

学习力的提高，可以让学员们掌握更多的新知识。众所周知，丰富知识是改造世界的原动力。如果学员们拥有了足量的知识，就会根据知识的流动而形成一种向前的动力。所以培训师要注重培养学员的学习力。

2.“碰壁”疗法

不撞南墙不死心，这是中国古人对那些“死脑筋”的一个很形象的比喻。邻国日本善用挫折教育来培养学生的抗挫折能力。培训师可以根据这一特点，从学员的特质入手，设计“碰壁”疗法。死脑筋多碰壁，脑袋碰疼了就会改变固有思维。

3. 换位思考

培训师可以在情景教学+角色扮演中取得这样的效果，学员通过身临其境的表演，逐渐建立一种“换位思考”的意识，这对后期促进具有深远意义。

4. 深度的灵魂交谈

通常一个人的心结没有被打开，是因为没有人愿意尝试用自己的灵魂去碰触有心结的人。如果当他愿意接受其他人的交流，固有思维也会随之改变。企业培训师可以用这种深度交谈的方式感染、影响自我封闭的学员，通常来说效果还是不错的。

第二种，促动学员提出问题

俗话说，能够提出问题的人是那个企图尝试改变的人。许多学员在课堂中总是言从计听，像个乖宝宝一样的听话。但这并不是一件好事，学员想要取得进步，必须拥有辩证思维的观念。于是培训师可以尝试“错误”的教学方式，让学员们发现问题、提出问题。久而久之，学员们养成了爱发问的习惯，就会提高自己的能动性。

第三种，借助实践进行强化训练

许多公司开设实践动手课，取得了不错的反响。有一个例子，某公司曾因煤气泄漏发生爆炸，因此借“安全问题”进行组织实践。那些常年坐在办公室里的工作人员，通过培训+实践的模式深刻领悟到了安全的重要性。后来公司还多次组织演习，工作人员通过实践强化加深了这一概念，并因此改变了生活和工作的习惯。

培训师在培训过程中可以适当穿插一定的强化训练实践课，一边灌输理论，一边通过实践进行强化。久而久之，就会对学员产生积极影响。

行动与学习就像一对双子星互相吸引、缠绕，两者共同作用就会产生巨大的向心力。培训师与学员的关系也是如此，彼此影响着对方，如果培训师借“促动”向学员发力，必定会在学员中产生群策之力，因此也会为公司带来巨大的推动效应。

质的飞跃：从“内训”到“催化”

一个企业内训师有时候需要拥有多个身份，可以是老师、培训师、心理咨询师、促动师、催化师等，每一个角色都代表着一种疗法。老师的角色是传道授业解惑，培训师的角色主要是培训，心理咨询师的角色是心理援助和开导，促动师的作用则是促进学员的能动性，催化师的角色与促动师的角色相仿，偏重于设计学习和引导学习。培训本身就是一个复杂的交互过程，所以也就需要培训师不停地变换角色，不断地更新自己的培训方式。

从培训师到催化师，再从内训到催化是一个连续递进的过程，当培训进入收官阶段，你可以回顾一下整个的培训过程，就会发现培训和催化完全是一体的。换句话说，培训的目的就是为了催化，而催化的方式方法是培训。催化师一词源自欧洲，国际行动学习协会主席将催化师定义为 Learning Coach，意思是行动学习领导人。因此，培训师的一个重要任务就是领导行动学习，在羊群中起到头羊的作用。

首先，培训师应该了解一下催化的目的是什么

催化的目的很简单，就是保证群策队员可以更加有效的思考，并将思考转化成为能力。培训师的催化师角色在催化过程中并不是充当培训指导的导师，而是做一个方案设计者、倾听者和引导者。它需要培训师在整个催化过程中做一个中立者，只有在被学员接纳的情况下才具备催化能力。

其次，培训师应该了解一下催化的原理是什么

大家都知道化学中的催化反应，用氯酸钾加热分解氧气的过程中，如果不加催化剂二氧化锰，这个反应是非常缓慢的，但如果加了催化剂二氧化锰，反应可以在瞬间完成。催化原理亦是如此，其原理是催化师通过用行动学习充当整个培训过程中的催化剂，不但可以加速达成目标，还可以提高授课效果，增加内训的影响力。

最关键的一点：培训师应该了解并熟悉催化的操作步骤

培训过程中的催化反应常常是通过培训师引导对话完成的，笔者在这里介绍一个实例，供培训师们进行参考：

某公司培训师小吴在培训课上设计了一次催化教学，他是这样做的！

第一步，选出题目

题目是：如何打破传统的市场销售模式

第二步，成立讨论小组

小吴将参与培训的16个人分为4组，每一组4个人。

第三步，围绕题目进行讨论

讨论部分以对话形式展示，培训师可以根据对话内容和方式找到自己的角色和位置！

A学员：传统的模式不是不好，而是竞争太激烈。传统的渠道，你在运作，其他人也在运作，久而久之，传统客户资源就会枯竭。

B学员：与传统模式相对的就是互联网模式，什么B2B、电子商务等概念，应该更值得尝试。

C学员：即便你懂得B2B也没有用，因为咱们公司根本就不允许上网，上网属于违反岗位管理制度。

D学员：哥们，别发牢骚了，如果你卖得好就不会埋怨传统模式，这只能怪自己不努力咯！

培训师：请打断一下，刚才C和D的观点似乎偏离题目了，管理制度和工作方法并不会直接产生冲突，我想这样的问题是可以被解决的。

C学员：好吧，咱们继续谈主题，刚才是劳动纪律的问题，确实是跑题了。

D点点头。

培训师：C和D，你们是要继续进行这一主题谈论，还是另外换个主题呢？

C学员：不好意思，我还是继续当下主题的探讨。

D学员：我没有意见。

培训师：那么请你们继续发表个人的观点。

C学员：事实上，打破传统还需要升级相关的“武器”，如果你还是小米加步枪，肯定打不过敌人的导弹核武。学会B2B是必须的，有了这样的技术咱们才能从传统中走出来。

D学员：我的看法是，还是要传统与现代相结合，传统销售模式我们运作的非常成熟，可以把成功的经验嫁接到现代理念里。一方面要加大传统的销售团队的建设，还要与信息资源部配合，线上线下形成互动，模式也就突破了。

通过上面的对话不难发现，培训师只是充当引导人的角色，保障这次议题的顺利进行。学员们通过探讨交流，能够补全自己的思路，打破思维定势，收获其他宝贵的经验。

第四步，设计行动计划

这一步类似推理总结相关经验，并通过这些经验制定行动计划。制定计划的方法前面已经讲过，培训师可以按照“制式”进行设计。

第五步，评估总结

评估总结是非常重要的一个环节，这一步后面章节会进行详细讲解。

第六步，进一步固化与总结

这一步可以重复进行第四步的操作，在反复尝试、推演中完善整个行动学习的章节，从而将行动学习完全转化为实际能力。

为了增强催化效果，培训师还可以请公司内的相关专家进行指导，使整个培训的目的性更强。

事实上催化是一种非常先进的培训方式，而且也是管理工具和思维方法！它不仅可以帮助培训师在培训的道路上走得更稳，而且能扩大培训的影响力，从而提高学员分析问题、解决问题的能力，尤其在构建团队建设中的意义更是非同凡响。

Chapter 11

培训的评估力：距离成功只差一步

敢做“黄半仙”提前“算命”

几年前有一个好莱坞大片给我留下极其深刻的印象，电影的名字叫《先知》。故事中的男主角拥有未卜先知的本领，甚至把地球上每一个灾难发生的地点、时间都记录了下来。当然这只是科幻，人类并不具备这样的本领。“黄半仙”也仅仅是对那些能够“蒙”对事的人的称呼而已！既然没有先知，是否未来的一切事情都不得而知呢？

答案是否定的！比如一座摩天大楼的使用寿命是可以预计的；一只鹦鹉的寿命也是可以判断的；甚至一个人能够考上什么样的大学、出落成什么样，也是大概能够看到。人们虽然没有先知的能力，但是却有预估的本领。如果能够对某些结果进行准确预估，那么成功只是早晚的事。

讲个故事，某企业老总是个老谋深算的人，所走的每一步棋，都经过了无数次的推演。他说：“没有人知道未来会怎么样，但是我每走的一步，都能预测到这一步的结果！”

20世纪90年代末，这位老总预计中国加入WTO后贸易市场将会发生重大变化，于是他调整战略，准备着手做进出口生意。随着中国与世界接轨，他的贸易生意越做越大，甚至成为了业内龙头老大。就在这个时候，他似乎嗅到了一股“金融危机”的味道。他说：“许多事情会通过一些细微征兆表现出来，只要你细心观察，就能捕捉到！”于是他又开始将海外贸易逐渐转向国内，没想到一年之后欧债危机爆发，贸易订单锐减。但是因为这位老总提前做好了防御准备，所以在这次危机中保存了实力。

诚如这位老总所说，未来变化的事情总会有一些细微的征兆表现出来，就像一个人得重病之前，会出现这样或者那样的不适，只要自己足够重视，就可以幸免于难。对于企业培训师而言，虽然不能准确知道培训后哪位学员会成长为老总，但是却可以预料到培训后学员们的变化。但是这样的预估不是空想，而是根据自己的努力程度而预判出来的。

预测并不是一种天赋，而是一种能力，通过学习后许多人都可以掌握。培训师可以借助历史数据进行分析推理得出结论，还可以通过一些变化的信息进行判断并得出结论。不管怎样，培训师应该想办法掌握这种技能。在这里，笔者介绍几种锻炼预估技能的方式方法，培训师可以进行大胆尝试。

过程预测法

这种方法是最常见的预测方法，也是根据已知分析预测未知的方法，这种方法的本质是减少决策的盲目性。比如，企业培训师可以根据已知的学员状况设计方案，这个方案的既定目标就属于预估。

结果预测法

这种方法是一种倒叙的方法，是由培训师先假设一种结果，然后进行倒推。如果能够合情合理地推回到现有状况下，那么未来的结果可能就是如此；如果推不回去，则说明现在的准备不足或者有误。当然这种假设要经过多次倒推才能验证方法的有效性。

定性预测法

定性预测是建立在自己的业务基础之上的，完全是一种凭借自身的业务技能和经验，并结合一定的历史资料等进行的一种预判方法。当然这种预测法是较为主观的，完全凭借的是个人经验进行判断。但是需要提醒的是，培训师想要采纳这种方式预判要尽可能的搜集更多的历史资料、人员信息，才能建立更完善的定性预测框架。

趋势预测法

这种方法通常是以时间顺序为横轴、发生事件为纵轴的预测方法，培训师可以借助这种方法建立一个时间事件分析图，并画出曲线。根据曲线的变化方向，大体预测到未来事件的发展方向。这种分析法较为直观，而且也比较容易掌握，使用灵活方便。

信息预测法

顾名思义，这种预测法需要借助大量的已知信息，通过严格的逻辑思维推理、辩证，并借助事物的发展规律得出结论的一种方法。这种方法对培训师的自身要求比较严格，需要培训师拥有一定的工作经验、人生阅历，并能熟练运用辩证法进行判断。这种预测法的预测精确度比较高，目前被许多大型公司或战略研究部门所使用。

历史预测法

这种方法也叫历史分析法，即通过分析事物不同阶段的变化，并结合当时的实际状况进行分析、比对，找出事物的发展规律。就如佛教中的因与果一样，种下了什么因，就会造成什么果。所以培训师在运用这种方法时，一定要有追根溯源的精神。越是接近历史的源头，就越容易接近事物发展的规律。这也就是借古鉴今的写照！

企业培训师不可能成为科幻片中的先知，也不可能成为神神秘秘的"黄半仙"，但是可以制定科学的训练方法掌握一定的预估本领。通过这种本领，培训师可以指定培训的预估方案，又可以根据预估进行调整当前的培训计划。就如《礼记·中庸》中写道："凡事豫则立，不豫则废。言前定则不跲，事前定则不困，行前定则不疚，道前定则不穷。"

设计预案，有的放矢

有一个故事，因为线路老化，某公司仓库着火，火势迅速蔓延开来，仓管人员面对熊熊大火毫无办法。一个叫小李的仓管人员想起仓库外面还有几个灭火器，就跑过去一看，但发现那些灭火器早已经损毁。无奈之下，小李只能拨打119急救电话。

消防员来了之后，火势很快就被控制住了。消防员说："仓库里的易燃易爆品并不多，主要还是电线老化的问题。如果能够及时切断电源，火势很容易就被控制！"

火灾的事终于结束了，该公司老总并没有惩罚仓管员，而是觉得对风险的预防做得不够。于是他成立一个"预案小组"，通过全面的、彻头彻尾的隐患大排查，设计了一套完善的风险防治预案，预案中也包括"线路老化引发火灾的控制办法"等细则。这位老总说："如果我们有这方面的预案，仓管员直接切断电源，也就不会造成这么大的损失了！"不久之后，该公司的应急预案终于出炉了。公司专门让人力资源部为员工进行相关的组织培训，并将防控的知识传达给每一名企业员工。

从这个故事中我们可以感受到预案的重要性，预案某种程度就是一个防控开关，有了预案，也就有了针对潜在突发事件的应对方式和处理经验。企业培训师同样也需要一个预案，用来预防和处理培训过程中出现的突发问题。

不久之前一个内训师带着学员进行户外拓展，发生了一起事故。某学员在户外拓展前并未遵守严格体检，后来在拓展中突然心脏病倒下了。此时所有的学员都傻了眼，有人说："这下可坏了，距离最近的医院还有几十公里，而且这里都是山路，恐怕这个人……"当所有人都在无助担心的时候，我们来看看这个带队的内训师是怎么做的。

第一步，他拨通了120急救电话和公司的应急电话，启动了应急方案。当然120急救车或者公司抵达这里都需要一定的时间，他必须在这段时间内对患者进行有效的处理。

第二步，趁患者还处于相对清醒的状态下，他对患者进行简短了解和询问，后来在患者身上找到了一瓶硝酸甘油药物，然后帮患者服下药物。

第三步，服药之后的患者状态有一些好转，于是他连同其他学员将其放在一个遮阳庇荫处休息，使患者保持一个科学合理的姿势。

第四步，在120急救车前来的过程中，他每隔一段时间给患者补充水分，以保持清醒状态。

一个小时之后120急救车赶到拓展地点，将患者送往医院救治。几天后，患者经救治康复出院，后来其家人制作锦旗送往公司，以感谢那位启动预案对学员进行紧急救治的内训师。

当然这个故事还没有结束，内训师似乎对自己的培训方案仍感到不满意，因为出现这样的漏洞依然是他的问题。针对户外拓展，他在自己设计的预案中加了这么一条：参加户外拓展前，学员必须严格遵守公司规定，进行身体检查，身体不合格者不允许参加户外培训。

这并不是亡羊补牢的办法，而是通过完善预案将培训过程中的风险降到最低。因突发事故导致培训中止的案例有很多，作为一名企业培训师必须要有一套抗击培训风险的预案。那么这样的预案应该怎么设计呢？

首先，培训师要分析并得出培训过程中可能出现的种种意外

许多培训师都会在培训中遭遇这样或者那样的事情，比如被学员的问题难住了；或者游戏没有设计好，只进行了一半；还有就是户外拓展出现的意外；“刺头”学员在课堂上捣乱等。这需要培训师认真观察，多动脑子，也可以借助某些案例进行分析、归纳。

其次，培训师要有针对性的措施

比如对待顽皮的学员，培训师要怎么做；冷场了要怎么破冰；户外拓展学员受伤了怎么处理；讨论中断了要如何建立连接；课堂上培训师讲课出现破绽该如何补救；学员上课精力不集中怎么办；学员与培训师意见不合、提出挑战应该如何收场等。针对这些问题，培训师应该有相应的解决方法。

最后，培训师要对解决办法进行推演论证

有的放矢一方面需要有目标，另一方面需要放箭，还有一点值得注意：用什么去放箭，用弓还是用弩还是用手掷呢？三种放箭的方法都可能导致不同的结果，有的正中靶心，有的偏离靶心，有的则完全脱靶。培训师对应对的解决办法进行反复推演，就是为了找到一个最合适的放箭工具。所以说，推演论证是整个预案设计的核心，值得培训师多去深入思考。

预案是一种事先准备的方案，目的在于预防未来不可知的事情！人不是先知，大多数人也不具备临场判断、处理的能力。事实上，许多人遇到突发事件都会慌慌张张、手足无措！培训师通过预案设计，不但可以保障培训过程的连续性，还可以将预案写进培训课程向广大学员传播这一理念。如果人人都有做预案的习惯，那么这个公司的整体竞争力又将更上一层楼。

“实时监控”的原则

有一个公司老总，他有个“毛病”，当他开完会安排完毕之后，还是会忧心忡忡。他的妻子劝他：“既然选择相信他们，为什么还这么担心呢？”这个老总搪塞道：“唉，你不懂！”

其实这位老总不是不相信自己的部下，而是亲自在跟进、监督任务的执行状况。比如，他给某部门下达了销售任务500万元的目标，但是市场瞬息万变，而他掌握的消息恐怕比普通业务员更加精确、重要。于是他来到某部门，通过“交流谈心”的方式把他所掌握的第一手信息传达给了自己的员工。自己的员工知道老总是来“督促”工作了，自然也会更加用心，最终月销售额600万元，超出计划的20%。

这位老总的跟进、监督的方式并不像那些电视剧中所刻画的那种素质败坏的老板形象，而是采用谈心、慰问、走访等方式进行的，一方面起到了督促、监督的作用，另一方面也给员工以平易近人、关怀他人的形象，再加上“以人为本”的企业文化，可以说这位公司老总真是一个高人。

有许多世界500强公司都是采用这种“实时监控”的管理方法来提高其执行能力的，一个公司长期屹立不倒的灵魂就是执行力强！那些“老总天天看报纸、职员天天混日子”的公司不会长久，就像有人所说：懒惰的人是不会有面包吃的，只有勤奋的人才能种出果实。

实时监控跟进式管理方法是非常有效的！所以我们也常常看到，那些没有自己管理团队、完全靠外包的公司，他们的管理效能是很低的。外包团队来了，大家都在逢场作戏；外包团队走了，所有人都变回了原样。这也是本书所强调的一个重要方面：企业拥有自己的内训师的重要性！言归正传，企业培训师想要让培训效果得到更好的体现，就应该学着向那个公司老总一样进行“实时监控”、反复跟进、直到学员们完全把知识转化为实际能力。

某公司内训师小刘曾在做人事专员时遇到了一个“奇怪”上司，这个上司的办公室里有一块教学白板，他觉得好奇：领导不教学，弄这么一块教学写字板有何用？但是有一次他给上司送文件，发现领导拿着水笔在教学写字板上写了一些计划和任务。每天早晨上班，当他看到写字板上的文字就会督促自己去下面办公室里逛一逛，了解一下情况，而这些情况与写字板上的计划任务一致。

后来一次会议上，小刘的上司向大家公开了写字板的秘密："这是我的武器，当我看到上面的条例，我就去看看你们到底做了没有！其实这事与你们无关，工作任务是我安排下去的，我就应该跟踪负责到底……"上司的这句话对小刘的触动很大，后来他来到另一家公司如愿成为内训师，而他也把上司的"秘密武器"也带了过来，并在培训中取得非常好的效果。

实际上，小刘的"秘密武器"是两个跟进，笔者向企业培训师们简要推广说明一下他的招式，大家也可以进行参考并尝试。

一、对布置的培训任务进行及时跟进

老师给学生布置家庭作业，学生回到家，作业说不定是谁做的，有可能是父母，有可能是爷爷奶奶。如果是这样，布置作业就起不到巩固知识的效果了。企业培训师给学员布置任务，其目的也是巩固培训知识。但是学员与学生不同，学员对知识的巩固需要在工作中体现，所以培训师完全可以拿出一定的时间进行实时监控。

小刘说："刚开始许多学员觉得有些不妥，认为可能会影响到自己的工作。但当你做了充分的思想工作与沟通之后，他们的反应也会逐渐放平缓，允许你经常来工作岗位上询问或者探望。"事实上，许多培训师也在这样做，久而久之，培训师与学员之间还能建立起一种更深的"友谊"。学员可以随时向培训师请教，培训师也可以在学员身上萃取到与部门相关的经验。

二、对学员使用培训技能进行及时跟进

学员学习培训技能的目的就是用于实践，但是每一名学员对知识掌握的程度不同，所造成的结果也就不同。对于那些吸收知识比较快的学员而言，他能快速将培训知识转化为实际技能，当然这一类人通常不需要培训师担心；而对于那些消化比较慢的学员来讲，恐怕就会复杂一些，有时候还需要培训师的强化与指导。比如有些学员岁数较大，在使用电脑方面存在困难，如果培训师可以及时跟进，并对其进行强化，就可以让他们掌握知识，并将知识转化为能力。

小刘说："还有一些学员比较顽皮，他们并不会在自己的工作中使用新技能、新方法，而是偷懒，用自己惯用的方式解决问题！如果你没有及时跟进发现，恐怕就不知道问题出在哪儿？"因此我们说，跟进是非常有必要的，一方面可以防止学员偷懒，另一方面又可以进行实践中的强化训练。

列宁说过一句话：信任固然好，监控更重要。尤其对于那些职场上的"懒癌患者"，需要借助"监控"去鞭策他们，让他们在职场中行动起来。而实施这种"监控"任务的角色，完全可以是企业培训师！

善于总结并制定课后评估方案

很多年前我的一个朋友请我吃饭，他先是聊家常，后来又聊工作，饭局快要结束的时候，他一把抓住我的手说："兄弟，我知道你善于总结，文笔也不错，帮哥们一个忙吧！"

"什么忙？"我问他。

他的回答让我有些出乎意料："这不是快年底了，每年这个时候都要写总结报告，而且还要董事长亲自批阅！你也知道我肚子里这点墨水不怎么够，以前都花钱雇人写，但是这个人现在不干这行了，这不我只能找你了……"

后来我答应帮他这个忙，但不是我替他写，而是给他提供了一些写总结报告的框架和思路，在他写完之后，我又给他润了润笔。

事实上每个公司几乎都会要求员工写工作总结报告，有的部门领导还要写述职报告，不管什么报告，内容大同小异。有的人为了写总结报告费劲心血，先是罗列数据，然后再夹叙夹议，最后还要进行来年展望。还有一些人只是把总结报告当成一个任务认为敷衍过去就可以了，事实上这样的总结报告毫无意义。

善于总结是一件好事，而且还是一件对自己很重要的一件事。善于总结经验和教训，就不会掉进同一口井里。"总结"二字是一个承上启下的词，"承上"是将过去发生的事、自己的工作状况进行归纳；"启下"是将归纳出来的"果"进行了结、完结。总结重在过程，而不是结果，因为总结之后，还要进行推演和评估。

有一个培训师将成功定义为：总结+评估！细想一下，这个培训师的定义还是比较准确的。如果一个培训师不归纳、不总结、不做评估，那基本等于什么也没有做。站在讲台上，只是张嘴说话，张嘴喘气，那还花费那么多的精力上什么培训课呢？对于企业培训师而言，"总结+评估"就是职业生命，所以要好好珍惜并利用"总结+评估"这一利器。

以笔者个人而言，我非常推崇一种"阶段"式的"总结+评估"模式，这种模式可以将漫长的培训过程切割成"小节"，然后对每一个"小节"进行总结评估。最后再将所有的"阶段总结评估"进行梳理，归整，并从中画出“曲线”，找到培训的规律。以笔者来看，总结评估可以从三个方面入手：

第一方面：对培训知识进行总结评估

培训知识是一堂培训课的承载对象，也是培训课的主体。所谓“传道授业解惑”中的“业”就是知识。企业培训师如何才能了解到学员对培训知识的掌握状况呢？方法有三种：

1. 布置作业：通过作业巩固知识的同时还能从侧面反映学员的掌握情况。

2. 阶段考试：每一个阶段组织一次考试，考试的方法应该采取闭卷考试，以考试成绩反映学员的掌握情况。

3. 随机提问：随机提问带有一种不确定性，使得被提问的学员无从准备，只能靠自己回答。回答正确的，则表现为掌握好；回答错误或者吞吞吐吐的，则说明对知识掌握的还不够熟练。

培训师在通过三种方法了解到学员对知识的掌握情况后，便可以在这个阶段结束后进行一番总结。总结的目的是进一步提高知识的传播有效性，评估则是对总结出的新方案进行推演。

第二方面：对培训方法进行总结评估

企业培训师在一个阶段内的培训会选择不少培训方法，比如角色扮演法、案例分析法、游戏法、头脑风暴法、沙盘模拟法、野外拓展法、复盘推演法等，每一种培训方法的使用都会带来不同的效果。这就需要培训师拿出一定的时间和精力对这些培训方法进行梳理、盘点、总结，找到哪一些方法效果比较好？哪一些方法适合什么样的学员？哪一些方法不便于操作？哪一些方法适合什么样的课程？

等到培训师完全将培训中用过的方法整理出来，就可以进行总结归纳了，再根据结论优化下一阶段的培训方案。

第三方面：对学员的学习态度进行总结评估

企业培训师的课讲得再好，再动听，如果下面的学员态度不好，没有学习劲头，那么依旧是一堂失败的教学课。所以培训师一定要阶段性的总结学员的学习态度状况。比如某内训师经过一个阶段的培训后，他对每一名学员的学习态度进行了盘点，最后发现：有些年轻的学员常常因玩手机走神；有一些岁数大的学员因为不懂多媒体而听不懂课；还有一些“刺头”学员认为培训师水平太低，根本没有听课兴趣。如果培训师能将每一名学员的态度整理到一个表格中，就能从中发现问题，总结出原因！

解决方法也是非常简单的，培训师可以因材施教或者一对一培训。这些解决方法需要及时的评估论证，好的方法保留，不好的方法就果断弃之。

善于总结、常做评估不仅是一种工作方法，还是一种做事的智慧。“总结+评估”可以让企业培训师发现问题、找到规律，同时还能够优化自己的培训方案，将培训任务更好的执行下去。

设计试题进行考试

考考考，老师的法宝，分分分，学生的命根。这句话虽然俗，但却是至理名言。老师用考试的方式不但可以了解学生对知识的掌握状况，还可以用这一方式去选拔优秀的学生。学生则通过考试去巩固、强化所学知识，有些学生还因为考试而改变了整个人生。那么考试到底是什么呢？

其实考试就是一种知识水平的鉴定方法，这种方法具有很强的纪律性和公平性。上至学校教育，下到各种培训，考试都是一个非常好的鉴定衡量工具。就像有人说："即使是不成熟的尝试，也胜过胎死腹中的策略。"考试也是一种尝试和实践，就像古人那样，是骡子是马拉出来遛遛就知道了。

其实考试并不是目的，而是为了督促人去学习。对于那些较为被动的人而言，有时候考试会变成一道坎儿，甚至是一件棘手的事情。想要通过考试，他必须要硬着头皮往上冲。某公司内训师小吴曾经讲过一个他亲身经历的笑话：一个学员为了准备培训考试，日夜加班，有一次竟然坐在马桶上睡着了，睡着后依旧保持端书姿态，令人十分好笑。

人们为了应对考试，总会有不同的方法：有的人挑灯夜战，有的人临阵磨枪，有的人则祈求天命，还有的甚至准备作弊。不管怎样，考试在人们心目中都是非常神圣而严肃的。培训师要在培训中的某个阶段进行考试，一方面是为了让学员端正学习态度，另一方面是为了测试学员的对知识的掌握情况。

考试形式分为很多类型，有笔试、面试、口试、操作考试等等，培训师可以结合多种考试形式对学员进行测试。笔者以笔试考试为例，简要介绍一下笔试考试的设计方法和步骤。

笔试考试是普及程度最好、应用面最广的考试，比如期中考试、期末考试、高考、会考等，从学校到企业，从企业到机关单位，大大小小的考试几乎都采用笔试的形式。通常笔试包括选择题、判断题、简答题、材料分析题、写作题等。培训师如果设计笔试考试卷，基本也要有这些类型的考试题目。在这里笔者需要强调一下：设计试题和设计试卷是两个概念，培训师们应该将其区别开来。

一、设计试题

设计考试题是一件非常严谨而科学的事，培训师要本着严谨治学的态度做好调研工作。

1. 要对考试题进行整体评价

考试题是一种目的性极强的试题，它有着清晰的目标和作用，所以企业培训师要从以下几个方面进行评价、考量。

①不要人为杜撰：杜撰的考试题是不严谨、有出入的，而且没有标准统一的答案。

②试题要有难易、主次之分：考试题就像一个阶梯，学员通过试题攀登阶梯，学习好的爬得高，学习差的爬得低。

③评分系统要规范：这个方面主要针对考试题的打分工作，尤其针对材料分析题和写作题，打分有一个严格的执行标准。培训师在设计考试题时要提前制定一个合理的打分系统。

④考试题的答案必须是权威统一的：那些答案模棱两可的题不能入选考试题。

⑤考试题要具有可测量性：考试题的其中一个作用是“亮分”，如果没有可测量性，那么意义不大。

除此之外，入选的试题要具备几个特点：教育性、可推广性、自洽性、标准性等。

2. 要对考试题进行选择

考试题通常是以“一问一答”的形式存在，所以一道题有“题设”和“提问”两部分组成。

所谓“题设”，就是一道题的陈述假设部分，这一部分一定要旗帜鲜明、简单扼要，要用较为准确恰当且有条理的语言展示出来。

所谓“提问”，根据“题设”部分向参加考试者进行提问，当然“提问”的语气不要过于生硬，要尽可能的友善。

选择考试题也有一套科学严谨的标准，培训师可以结合以下标准进行筛选：严谨性、科学性、公平性、适纲性、针对性、有效性、新颖性等。

二、排版试卷

如果前两步都做好了，培训师就可以进行考试卷的编排了。考试卷其实就是一个试题集合，一套考试卷包括姓名、班级、学号、总分、密封线、各种试题等。

试卷的设计排版通常也是先易后难的编排方式，比如第一部分为选择、判断题，选择题可以先单选后多选，判断题不宜多，如果总分为100

分的试卷，不宜超过总分的10%。

第二部分为简答题、材料分析题、组织材料写作题等，这一部分难度较大，但是目的性和锻炼价值更强，这一部分通常可以占到总试卷的50%以上，是整个试卷的核心。

现如今，培训师设计考试卷不需要再像过去那样要刻板、排版、印刷了，完全可以借助电脑应用软件或者考试模板进行“填空”。只要企业培训师多摸索、学习，设计试卷的难度并不大。

考试并不仅仅是一种武器，更是一种思维层次博弈的工具，或者是一种自我诊断、评估的方法。学员们可以通过考试找到自身不足，老师可以通过考试督促学员学习。考试是一举两得的事，就像那句歌词写的：阳光总在风雨后，乌云上有晴空……

把握要领实现成果转化

就像一个人吃饭、喝水一样，其目的是将这些物质转化为自身所需的能量。一个人天天来上课，听课也很认真，作业也按时交，看上去一切都好，如果这个人学以致用，接受教育的目的就达到了；如果这个人还是什么也没学会，接受教育的目的就失败了！事实上，培训是一个计划性、目的性很强的工作，一个企业培训师如果做不到培训成果的转化，就只能从头再来。

还是那个比喻：一个人吃饭、喝水，然后食物和水经过消化道，在各种酶的作用下进行分解，一部分“精华”被人利用，另一部分“废物”就被排出体外！这个过程很复杂，而且需要一定的时间。如果一个人的消化系统或者排毒系统出现问题，那么这个“循环转化”的过程就会被中断。成果的转化也是如此，一方面需要培训师有耐心，另一方面需要培训师能够保持培训过程的良性循环。就像一条流水线“推进——加工——产出——包装”的流程一样，切莫因麻烦而缩短转化过程。事实一再证明：欲速则不达！如何“让知识变为能力、再由能力转化成经验”，需要培训师按照人的“消化吸收过程”分步解决。

第一步，培训知识转化为培训心得

一堂培训课下来是硕果累累，还是走马观花，不仅取决于学员自身，关键还是培训师的个人安排。工作培训成果的方式方法有很多，比如布置作业、安排考试等。不能这些方式总结效果甚好，但是转化效果未必好。所以需要培训师抛开这些传统方法，另辟蹊径。

“将培训知识转化为学员的心得”，这种方法不需要在一个阶段结束后进行，完全可以在培训课上完成，十分方便！企业培训师可以通过设置讨论课或者学习小组的形式由学员们集中分享个人的心得，培训师在一旁做指导，整个过程要由学员独立完成。将知识转化为自己的心得是建立经验、转化经验的第一步，也是最重要的一步。

第二步，培训心得转化成工作计划

举个例子，某个学员在观看完培训教科片“安全”后深有感触，他结合培训知识写了一篇观后感，这个观后感其实就是个人心得。心得其实就是“成果”，只不过这个“成果”还不具备使用价值。就像一个人吃了饭，有一种“果腹”的感觉一样。

想要将“培训心得”转化为工作经验，还需要制订一个工作计划。

这个计划是完全按照自己的心得去设定的。工作计划也可以由培训师牵头、学员共同参与进行制定。在制定计划的过程中，培训师充当的是“组织员”的角色，其主要任务是为学员主动搭架工作计划保驾护航、不受干扰。

第三步，工作计划转化为工作行动

有计划不去付诸实践，计划就会胎死腹中。想要将计划转化为实践，必须要马上付出行动。有一个资深企业培训师曾感慨：“‘计划与行动’的关系就像‘理论与实践’的关系一样！如果没有计划只有行动，行动一定是盲目的；如果只有计划没有行动，那么计划就会沦为一句空话。”

首先，培训师要亲自带头付之行动，亲身体验是培训师萃取行动经验的必不可少的方式。培训师有了成功的行动经验，就可以成立“行动小组”，让学员们在行动中按照工作计划中所安排的使用新技能。

第四步，工作行动转化为工作绩效

俗话说：台上五分钟，台下十年功！一个人的成功不是偶然，而是长年累月付出行动的一种集中表现形式。有人苦学英语，当上了翻译，后来在翻译工作上一干就是几年，工作成绩突出，最终由小翻译变成了翻译官。

培训师的培训工作要长期、持续的进行，不管是理论研究，还是实战教学，路遥才知马力，日久才见人心！除此之外，培训师还要对学员有一个长期的监控和激励机制，让学员们在日常工作中不气馁、敢于拼搏，只有这样他们才能将能力逐渐渗入到工作中，取得好成绩。

第五步，对工作绩效进行深化评估

深化评估的目的并不是推翻之前的成功，而是在之前的基础上再次优化提炼，并制定出更优的方案。一个学员一年内完成了100万元的销售任务，为什么就不能通过评估进一步优化自己的工作从而实现200万元的销售奇迹呢？

企业培训师虽然不是工作的直接参与者，但是可以制定工作绩效评估表进行判断和反馈。如果一些学员做过评估之后依旧实战战绩不佳，就需要培训师和学员共同面对这个问题，然后再进行一番推演、评估，一遍又一遍，直到问题得到圆满解决。如果做到这样的程度，那么整场培训就大功告成了！

我们回到开篇之前探讨的话题：培训很重要吗？为什么许多企业纷纷“投资”内训呢？对一个企业而言，培训可以获得有能力的员工，可以实现企业价值的统一，可以提高相关的服务质量，甚至还能为公司带来质的飞跃。对一名员工而言，接受培训就意味着能力提升，增加自身竞争力。事实证明，培训是一把双刃剑，随着社会的进步，企业对人才的重视，培训行业依旧是朝阳行业，企业培训师也会成为未来关注度最高的职业之一！